editorial **Sol90**

图说人类文明史

古代日本

西班牙Sol90出版公司 编著

同文世纪 组译　王莹辉 译

中国农业出版社

农村读物出版社

北　京

图书在版编目（CIP）数据

图说人类文明史. 古代日本 / 西班牙Sol90出版公司
编著；同文世纪组译；王莹辉译. —— 北京：中国农业
出版社，2024.9
ISBN 978-7-109-28647-4

Ⅰ. ①图… Ⅱ. ①西… ②同… ③王… Ⅲ. ①文化史
－日本－古代 Ⅳ. ①K12

中国版本图书馆CIP数据核字(2021)第161170号

GRANDES CIVILIZACIONES DE LA HISTORIA
Japón

Author: Editorial Sol90

Based on an idea of Daniel Gimeno
Editorial Management Daniel Gimeno
Art Direction Fabián Cassán
Editors 2019 Edition Joan Soriano, Alberto Hernández
Writers Juan Contreras, Gabriel Rot
Research and Images Production Virginia Iris Fernández
Proofreading Edgardo D'Elio
Producer Marta Kordon
Layout Luis Allocati, Mario Sapienza
Images Treatment Cósima Aballe
Photography Corbis, Science Photo Library, Getty, Sol90images
Illustrations Dante Ginevra, Trebol Animation, Urbanoica Studio, IMK3D, 3DN, Plasma Studio, all commisioned specially for this work by Editorial Sol90.
www.sol90images.com

图说人类文明史
古代日本

本书简体中文版由西班牙Sol90出版公司授权中国农业出版社有限公司于2023年翻译出版发行。
本书内容的任何部分，事先未经版权持有人和出版者书面许可，不得以任何方式复制或刊载。
著作权合同登记号：图字01-2020-5222号

中国农业出版社出版
地址：北京市朝阳区麦子店街18号楼
邮编：100125
项目策划：张志 刘彦博　责任编辑：马英连　责任校对：吴丽婷　责任印制：王宏
翻译：同文世纪 组译 王莹辉 译　审定：郑佳明　丛书复审定：刘林海　封面设计制作：张磊　内文设计制作：张磊
印刷：鸿博昊天科技有限公司
版次：2024年9月第1版
印次：2024年9月北京第1次印刷
发行：新华书店北京发行所
开本：889mm×1194mm　1/16
印张：6
字数：200千字
定价：98.00元

图说人类文明史

古代日本

目 录

前言：传统的力量

日本陶艺拥有上千年的历史，是日本最早的艺术表现形式之一。下图为弥生时代的陶罐，其历史可以追溯至前200年左右。

日本文明起源于数千年前，日本社会和文化从种植稻田的原始农耕文明起步，如今已成为科技高度发达的发展典范。日本深受万物有灵论的影响，因此，这个国家对任何学科的知识都抱有能够掌控的积极态度。

宗教信仰对日本社会有着深远的影响。几百年来，日本人信仰众多神明，其中大部分神明都是从天地万物和自然现象里幻化出来的。他们有的备受全国尊崇，有的只是地方信仰。神道教和佛教在日本各个社会阶层都有着深厚基础，并催生出一种特殊的文化，神明崇拜、身心平衡以及冥想都是这种文化的重要组成部分。

古代日本社会是一个等级社会，它精心构建了一套关于民族和国家的思想。在很长一段历史时期内，日本处于各大家族间混战的割据状态，以致国力衰退。但是，传统仍然流淌在日本人的血液里，直至今日，在摩天大楼和神奇的科技发明之间，和服、佛像和日本塔的存在无不昭示着日本丰富的文化遗产。

日本很大一部分传统是在漫长的中世纪时期积累起来的，此时中世纪的城堡纷纷建立，战士阶层，也就是著名的日本武士阶层兴起。他们既令敌人感到畏惧，又因武学天赋和独特的行为准则令人钦羡。日本的本土建筑独树一帜，这些建筑中既有住宅，又有供灵修使用的场所，后者的建筑风格结合了珍惜生命的生死观以及与自然万物和谐对话的思

想。这些自然万物，如花草树木和水，都在日本园林的设计
要素中占据着重要地位。

日本的舞蹈和体育运动也自成一派，各种形式的武术运
动也都体现了对纪律、专注和平衡的特别重视。

明治时期的政治、社会和文化改革代表着日本走上了现
代化道路，然而，日本仍将原有的文化遗产精心地继承、保
留了下来。

明治维新后，日本帝国的古老传统与来自西方的影响相
互作用，日本就这样进入了充满暴力的 20 世纪。在这个
新世纪里，世界大战爆发，日本面临着新的危机
和状况，最终也付出了血的代价。不过，这个
国家随后在渐进的社会民主化过程中恢复了元
气，并发展出拥有巨大潜能的生产力。日本，
这个具有深厚传统和矛盾色彩的国家，正
邀请我们前去探索人类史上最丰富的历史
和文化之一。

尽管也曾有过短暂而辉煌
的安定时期，但直到 17 世纪
德川氏取得胜利之前，为争夺
帝国统治权而爆发的家族混战
贯穿着日本历史。下图为姬路
市的白鹭城。

概述：旭日初升

日本尽管领土狭小，却拥有世界上非常古老、复杂的历史和文化，其发展已超过数千年。这个受海啸、地震频繁袭击的岛国，其建筑令人惊叹，比如寺庙和神社。许多神社都供奉着太阳神——天照大神。日本的传统艺术也有着丰富的文化底蕴。◆

在日本历史中，直到大兴改革的明治时代前，皇子和武士的形象都联系得十分紧密。左图为宫本武藏的二天流形象，17世纪至18世纪。

日本海

五岛列岛

出云

山口

广岛

姬路

平安京

九州

名古屋

德岛

大阪

奈良

长崎

四国

萨摩
（即鹿儿岛）

伊势

姬 路

地理

日本由3 000多个岛屿组成，位于环太平洋火山地震带，领土沿太平洋西北部的山脉延伸。日本东部沿海城市密集，聚集着超70%的人口。海洋给日本提供了丰富而独特的经济资源。然而，日本人却发展出了多样化的农业和工业生产部门。实际上，高新科技已成为日本国民经济最具活力的要素。

日本手工艺诞生于几千年前，陶艺是其最早的艺术形式之一。左图为弥生时代的有盖陶瓷，弥生文化是日本的早期文化之一。

虾夷
（北海道）

北海道

虾夷
（本州）

山形

玉造

长野

松本

本州

横滨　东京

水户

镰仓

松

太平洋

宗教

在日本，神道教和佛教占统治地位，日本发展了一种以信仰、赞颂众神和深深敬畏自然力量为基础的宗教生活。打坐和冥想是日本宗教实践中最独特的两项活动。

虚空藏菩萨是日本本土佛教的神祇之一。左图为 16 世纪至 17 世纪的虚空藏菩萨像。

建筑

寺庙、宫殿、城堡和神社都深受中国和朝鲜半岛的佛教影响，构成了日本传统建筑的精髓。日本佛塔有着极具特色的多重屋顶，是日本的古典建筑之一。

右图为京都的鹿苑寺。左图为姬路城堡。

历史和社会组织

历史和社会组织

帝国的建立

日本社会的起源要追溯到很久以前。日本群岛上最早的居民出现于旧石器时代。

在最初的几千年里，数量稀少的日本原住民一直使用着原始的石制工具。到了冰川时代末期，全球气温上升，气候发生巨大变化，日本原住民的生活方式才随之发生改变。

早期

早期日本的发展可分为三个史前阶段：旧石器和前陶器时代；绳文时代；弥生时代。随后到来的是古坟时代（约300—约710），它被认为是向历史时期过渡的阶段。

绳文时代的文化特点是经济上自给自足，以狩猎和采集野果、谷物为生。此外，人们也从事捕鱼和早期农业活动。在这个时代，人们制作了独特的绳文样式的陶器。

弥生时代是受其他邻国文化，尤其是中国和朝鲜半岛文化影响后出现的。也正是从邻国文化中，日本学到了通过灌溉稻田实现增产的种植技术，这种技术此前并不为日本人所掌握。农业的进步使人口定居在了大部分领土上。然而，并不是日本群岛的每一个区域都取得了这种进步，一些如冲绳的沿海聚落就建立了以丰富的海洋资源为基础的渔业经济。

正是在这个时期，日本形成了原始宗教神道教，它源自被广泛信仰的万物有灵论，具体表现为对八百万神明的崇拜，他们是自然万物、天体和一些天文现象的化身。

古坟时代

古坟时代尽管较为短暂，但对日本社会结构的形成至关重要。

这一时期兴建了很多地方领主的大型坟墓，这证明社会阶层和政治统治体系在此期间确有一定的发展。尤其在当时的政治中心大和地区，有些大型古坟格外突出。各大家族也是在大和地区轮流掌权，统治其他地区的领土。

与此同时，日本从中国和朝鲜半岛吸收了汉字，这既是巩固和传播日本文化的重要基础，又是该时代的独特之处。

593年至710年，古坟时代末期，兴起了一个新的时代——飞鸟时代。该时代以推古天皇所定的首都而命名，其政权中心在大和地区的奈良附近。6世纪末，圣德太子执掌日本政权，成为新的统治者。5世纪至6世纪，一个事件标志着日本发展过程中的重大转变：正如从中国和朝鲜半岛接受了其他文化影响一样，日本从这两个地方引入了佛教和儒家思想。

大和时代的掌权者接受了这种新的宗教，甚至下令修建了众多寺庙。

这一时期，以各大氏族为基础的政治体制得到加强，这些氏族均雇用了大量幕僚，并拥有自己的武装力量。

大和时代还兴修了众多大型皇宫和宗教雕像，奠定了日本细腻精巧的美学风格。

❖ **绳文崇拜**　绳文时代的陶器形状各异，很多陶像体现了生殖崇拜。左图为女性形象的塑像。

❖　**寺庙**　日本的宗教和宫殿建筑中设有水景，这是因为水具有净化作用。上图为京都的平等院。

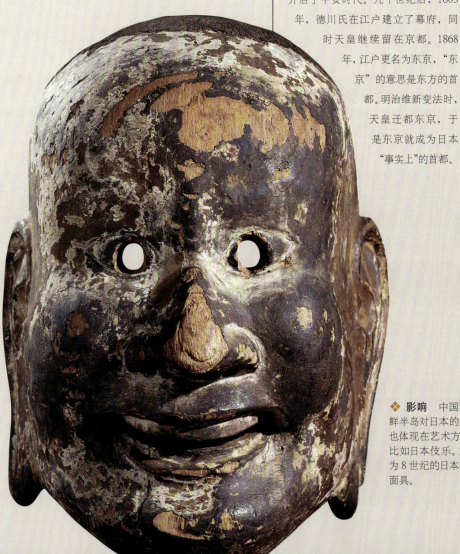

奈良时代和平安时代

710年，奈良成为新首都，这也意味着，国家的组织迈入了一个新时期。与此同时，日本也进入了一个领土扩张

❖ **影响** 中国和朝鲜半岛对日本的影响也体现在艺术方面，比如日本伎乐。左图为8世纪的日本伎乐面具。

三座首都

日本大部分历史都以首都变迁作为朝代更替的标志，首都是各个掌权氏族的根据地和象征。

710年，天皇定都奈良，改变了之前半游牧的民族特点。奈良的首都地位直到8世纪末才发生变化。

794年，京都取代奈良成为首都，开启了平安时代。几个世纪后，1603年，德川氏在江户建立了幕府，同时天皇继续留在京都。1868年，江户更名为东京，"东京"的意思是东方的首都。明治维新变法时，天皇迁都东京，于是东京就成为日本"事实上"的首都。

和中央集权的新阶段。这是一个文化和宗教大发展的时代，并取得了一些里程碑式的成就，其中包括日本第一部编年史文集《古事记》的编纂；在全国范围内传播佛教、兴建寺庙；高效集中生产力的手段得以推行，如建立户籍制度和土地制度。到794年，首都由奈良迁到了京都。

迁都标志着日本进入一个新的阶段——平安时代，该时代结束于12世纪末。

平安时代的特征是藤原氏把持朝政大权，藤原氏也是宫廷文化发展的推动者。很快，新政权体现出在中央集权上的不足，渐渐地，从地方到中央，拥有武装的强大氏族开始培养自己的势力。最后，平氏家族取代了藤原氏的地位，从12世纪中期开始掌权。

镰仓时代

12世纪末，一场波及范围十分广泛的内战爆发，这场内战在一定程度上受到大和北部地区日益增长的军事势力左右，其中一部分表现为与日本北部虾夷人的战争。

由于很多小型战役接连爆发，导致国内形势动荡，内战一再延长。在此期间，各地领主，即将军们，积蓄了雄厚的实力。1183年，源赖朝占领京都，中央和地方之间的脆弱平衡被打破。后来，源氏幕府实际上被姻亲北条氏掌控，这也说明为何这一时期的幕府既可

❖ **佛塔**　日本建筑是日本融合了各种文化的具体体现。正如日本佛塔，它吸纳了印度浮屠及其变体中国佛塔的特点。左图为木制佛塔，建于8世纪。

日本封建制度

　　1185年，平氏被取代，武士家族的源赖朝在日本东部小城镰仓建立了幕府。从1185年到1568年，日本施行着封建制度，这段时期分为两个阶段：镰仓时代（1185–1333）和室町时代（1338–1573）。在此期间，幕府将军的权力得到加强，13世纪末还击退了蒙古的入侵势力。

　　然而，在此过程中，为了争夺日本的统治权，不可避免地出现了几个集团之间混战的局面。

　　1334年，后醍醐天皇取代北条氏成为掌权者，足利氏家族在1338年建立了幕府。

　　和平一直持续到1467年之前。1467年至1477年，日本处于武士集团和地方领主持续性的混战中，他们不服从将军甚至天皇的命令，各自发展地方势力，彼此交战。

以称为源氏幕府，也可以称为北条氏幕府。到了1338年，一场漫长的战争结束后，足利氏取代并驱逐了北条氏，成为实质上的统治者。

　　足利氏掌权时期，中央集权赢弱，足利氏的将军们与地方豪族协商和谈判后，允许地方拥有一定程度的独立权，从而建立了一种平衡。地方豪族的力量很大程度上取决于自备的武装力量，这些大型部队非常专业，主力是训练有素、恪守军纪的武士。13世纪时，武士们已经展现出他们的御敌能力，抵挡住了蒙古可汗忽必烈的入侵。

　　1470年，内战再次爆发，打破了短暂的平衡。即使足利氏努力维持自己的政权，但1573年仍被逐出权力中心。此后，几位军事领袖为了建立政权，一统天下发起了战争，他们是织田信长、丰臣秀吉和德川家康，最后，德川氏取得了霸权，统一了日本，在1603年到1867年实行统治。

❖ **改革**　6世纪开始，推古天皇的摄政大臣圣德太子执掌大权。圣德太子掌权期间推行了改革运动，大力弘扬佛教。左图为推古天皇的画像，绘于镰仓时代。

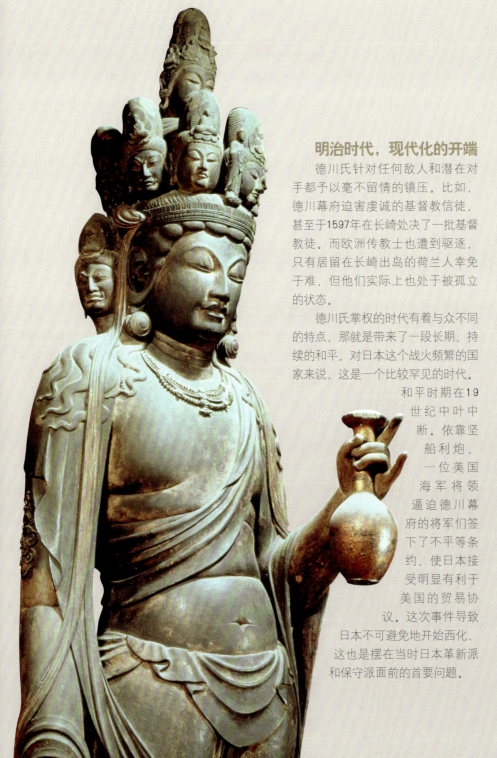

❖ **形态变化** 弘源寺里的观音像细节。日本佛教认为这位菩萨有 33 种化身,每个化身最终都指向菩萨无形无相的实质。

明治时代,现代化的开端

德川氏针对任何敌人和潜在对手都予以毫不留情的镇压。比如,德川幕府迫害虔诚的基督教信徒,甚至于1597年在长崎处决了一批基督教徒。而欧洲传教士也遭到驱逐,只有居留在长崎出岛的荷兰人幸免于难,但他们实际上也处于被孤立的状态。

德川氏掌权的时代有着与众不同的特点,那就是带来了一段长期、持续的和平,对日本这个战火频繁的国家来说,这是一个比较罕见的时代。

和平时期在19世纪中叶中断。依靠坚船利炮,一位美国海军将领逼迫德川幕府的将军们签下了不平等条约,使日本接受明显有利于美国的贸易协议。这次事件导致日本不可避免地开始西化,这也是摆在当时日本革新派和保守派面前的首要问题。

1867年,德川幕府被废除,日本进入明治维新时期。此后,在很短的时间内,政治和文化变革席卷了日本社会的方方面面。如此一来,古老的日本帝国万象更新:权力结构发生改变,效仿西方、开始近代化,政治体制和经济基础实现了完全的蜕变。

现代日本

在日本开始现代化建设的同时,他们也过早卷入了一连串的战争之中,这些战争大部分是由新兴的军国主义推动和发起的。甲午中日战争 (1894-1895) 和日俄战争 (1904-1905) 就是早期的例子。后来,日本又参加了两次世界大战,为了追求区域性的霸权地位,在太平洋诸岛占领了一些战略要地。军国主义的指导思想也是1937年日本侵华战争,以及很快爆发的美日军事冲突的原因。1941年,日本偷袭珍珠港 (即美国在夏威夷岛的海空军联合基地) 之后,美日爆发了大规模战争。

后来,支持军国主义的裕仁天皇试图神化天皇的权威,但在美国用原子弹轰炸广岛、长崎并导致20万人死亡后,日本宣布投降,天皇权力的神圣性也不复存在。

移风易俗

日本社会本质上仍是因循守旧的传统社会，几个世纪中，日本形成了这样的习惯：不管世道如何改变，日本人都执着地保持着祖辈们流传下来的风俗。

明治维新时期，社会风貌焕然一新，日本社会从中受益，但与此同时，许多非常古老的习俗、生活方式和传统仍存续在日本人生活的方方面面。

这一时期，政治和文化领域实际上在逐渐西化，这一点在国体、政体、官僚制度以及日常生活中的文化习俗，比如，服饰、饮食和艺术等方面均有所体现。

服饰文化领域的变革意义重大。这是因为服饰能够明确地将社会阶层进行区分，如日本武士就很容易被辨认出来。实际上，武士们都身着专为这一阶层设计的服装，不过，在明治时期的军事改革中，这种做法被正式取缔了。男女服饰均发生了一些变化，日常生活中融入了西装洋服，并将传统的和服指定为宗教仪式或节日庆典穿着的服饰。

❖ **和服** 正在为缝制和服挑选布料的日本女性，歌川国贞绘于明治初期，1857 年的浮世绘作品。

早期文化

　　日本史前文化指的是数千年前出现的一系列原始文化，其中，绳文文化和弥生文化最具代表性。前者体现出早期农业经济的特点，后者引入了水稻种植、畜养牛马，发展水平更高。两种文化中的制陶工艺都独具特色，但从弥生文化中已可以看出，中国和朝鲜半岛文明对其的影响在不断加深。◆

陶艺

　　数千年前，狩猎采集是当时的生产方式，此时，制陶工艺被引入日本。这种手工塑造的陶器有着绳样的花纹，因此用绳文指称这一时代的人和文化，"绳文"的含义是"绳状图案"。美国学者爱德华·S·摩斯（Edward S. Morse, 1838—1925）是绳文文化的最早发现者，他在东京大森贝冢发现了绳文时代的陶器。

◆ 绳文时代的陶土器皿。

形象 几个世纪里，绳文陶艺的形象不断丰富，成为石器时代最引人注目的艺术风格之一。同大部分原始文化一样，绳文陶器中也出现了一些人与动物混合而成的形象。

绳文时代的陶像，可追溯至前800年左右

绳文文化

绳文时代的人们以狩猎、捕鱼、采集野果和谷物为生。随着时间的推移，他们发展出了粮食农业，尽管发展水平极为低下。而考古发现的地面坑穴则说明了古代绳文人是如何建造房屋、保护自身安全的。后来，绳文文化被另一种不同的文化替代——弥生文化。

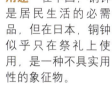

弥生陶器

绳文时代结束后，弥生时代接踵而来。弥生时代得名于最早发现该时代陶器的遗址的名字。由于弥生时代使用陶轮制陶，所以陶器质量更好，形状也更加多样。

❖ 弥生时代晚期的陶器。

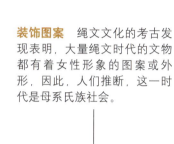

装饰图案　绳文文化的考古发现表明，大量绳文时代的文物都有着女性形象的图案或外形，因此，人们推断，这一时代是母系氏族社会。

用途　在中国，铜钟是居民生活的必需品，但在日本，铜钟似乎只在祭礼上使用，是一种不具实用性的象征物。

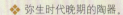

神鉾　与铜钟一样，弥生时代的武器，也是祭礼上使用的礼仪兵器。上图为弥生时代神鉾的矛头。

前3世纪，弥生时代的铜钟

弥生文化

水稻种植和灌溉系统是弥生时代的主要文化特点之一。弥生文化深受中国文化的影响，所以水稻的种植和灌溉技术可能源自中国。实际上，在考古研究中，已从弥生时代村落遗址中发现了钱币和镜子等来自中国的物品。稻田文化迅速传播开来，尽管部分地区由于气候原因，或由于靠近海洋、依赖捕鱼而不接受这种文化。在此阶段，神道教也建立起来，这是结合本土的萨满教、泛灵论和民间信仰形成的原始宗教。

大和帝国

　　3世纪到7世纪是大和帝国的建立和发展期。大和帝国开创了改良主义的先河，使后世的日本在面临保守势力和旧的权力结构时也能不断改革。纵观这一时期，中华文化的影响显而易见，直接或间接地经过朝鲜半岛传入日本，在整个时期都深深地印下了它的印记。日本最终从中国文化中吸取了宝贵的文化遗产，比如，在宗教方面引入了佛教，在建筑和文化方面建造了美轮美奂的奈良城。据历史记载，大和帝国由神武天皇建立，"神武"的含义即"神勇的武士"。◆

大和帝国早期，古坟周围建造了一些柱头带陶俑的陶柱，这些古坟是仿照中国和朝鲜半岛的制式建造的。

东大寺，奈良城里的皇家寺庙

辉煌灿烂的奈良时代

　　在经历了1世纪到7世纪漫长血腥的一系列混战后，710年至784年，日本迎来了奈良时代，这是一个日本物质大繁荣和文化大发展时期。日本后来的时代都没能够超越奈良时代的辉煌。人们习惯性地称这个时代为日本文化的黄金时代。

◆ 毗卢遮那大佛，含义即"照亮宇宙的智者"，奈良东大寺供奉的大佛，高约16米。

建筑 奈良古城为日本提供了新的城市规划样本，城中仿照中国的建筑样式建造了华丽的宫殿和精美的寺庙。

街道 奈良古城总面积不超过20平方千米，城中分布着纵横交错的街道和社区。

7世纪的观音菩萨像

佛教

　　大和时代，日本就已经引入佛教并受到越来越深的影响，甚至将佛教作为主要的宗教信仰之一。佛教的信仰非常广泛，到6世纪时成为日本国教，同时，日本也进入了飞鸟时代。在这一时期，各大氏族之间为了争霸互相混战，最终，苏我氏取得了这场战争的胜利。

大和帝国的扩张

　　9世纪末期，大和帝国征讨虾夷大获全胜，这也标志着自3世纪大和帝国建立开始，一个历史时期的终结。大和帝国的统治席卷整个日本，征服了日本东部仍处于绳文文化影响下的人民，以及盘踞在九州岛上好战的熊袭人。大和帝国也曾征讨朝鲜，直到562年前，日本都在朝鲜南海岸拥有一块军事殖民地。

圣德太子

　　593年至622年，圣德太子摄政，推行了一系列体制改革。其中，最基本的一项是废除了传统的官僚世袭体制。圣德太子死后，尽管部分保守派抵抗改革，但在圣德太子的儿子——继位的山背大兄王的支持下，改革成果得到了保留和深化。

❖ 圣德太子画像。

藤原家族

　　8世纪末到12世纪，日本处于平安时代，此时藤原氏掌握实际的统治权。藤原氏不仅在天皇年幼时担任摄政王，还在天皇的整个在位时期都把持着摄政大权。后来，藤原氏经历了一场危机，即在平氏和源氏两大家族的争斗中，源氏最终胜利并随后取代了藤原氏，获得至高无上的统治地位。整个平安时代，统治阶层都推行佛教信仰，艺术也得到了空前发展。◆

平安时代的一名皇家护卫

藤原道长

　　藤原道长当政时期，藤原氏的专权达到了极点。995年，藤原道长出任摄政。后来，道长远离了中央行政机构，在其私人办公场所长期把持朝政。他将官僚制变成了世袭制，并将重要的官职任命给自己的亲戚。实际上，藤原道长的4个女婿和3个外孙都是天皇。1019年，道长出家为僧，但依然在法成寺摄政。1028年，弥留之际，藤原道长请来10 000名僧侣为自己祈福，享年62岁。

藤原氏掌权

　　平安时代，由于藤原氏和皇室的联姻关系，藤原氏几乎掌握着绝对的权力，比如，垄断朝中重要官职，占有大片土地。藤原家族的创始人是藤原镰足（614—669），天智天皇为了褒赏他的功劳，赐予其"藤原"姓氏。藤原良房是藤原家族第一代担任摄政的人（摄政即天皇年幼时代行政事的官员）。良房的侄子藤原基经创立了"关白"一职，这是天皇成年后，负责辅佐天皇处理政务的职位。

平安时代的首都　平安时代的首都充斥着游手好闲、奢侈成性的贵族，这与中国长安城内忙于政务、行政高效的面貌迥然不同。右图为平等院，建于11世纪。

护卫 这座雕像展示了藤原氏掌权时期，士兵的经典装束以及保护身体的甲胄上的丰富细节。

"弘仁贞观文化"风格的坐佛像

佛教新宗派

平安时代，几支新的佛教宗派出现，并实现了重大发展，如深受中国影响的天台宗和真言宗就是其中的佼佼者。这一时期，僧侣们被认为具有神圣的力量，同时又对艺术创作产生了重要影响，所以在社会上备受尊敬。

文学

平安时代，贵族阶级的生活成为文学创作的素材，其中，最著名的就是《源氏物语》，按照现代对小说的定义，这是日本历史上第一部小说。《源氏物语》讲述了皇子源氏的生活经历、爱情故事和政治斗争，还有源氏逝世后其子的经历。

❖ 描绘平安时代宫廷生活的画作。

镰仓幕府

源氏政权在"镰仓"这个渔村建立了幕府，因此，源氏幕府就命名为镰仓幕府。从此以后，征夷大将军（即幕府将军）这个新设立的官职成为新的最高统治者，这个职位最初指派给征伐虾夷人的军队最高统帅。征夷大将军不仅拥有军事权，在政治上也有很大的权力。第一位征夷大将军是源赖朝（1147—1199），他是源氏家族的族长。

❖ 镰仓宫殿景观图，歌川丰国作品，绘于19世纪。

绘画

大和绘是日本一种特有的绘画流派，在平安时代得到发展。这种画常常被绘制在长绘卷上，以历史场景或日常生活为题材。

❖ 《北野天神缘起绘卷》中天神坐于山中的形象细节图。

源氏

藤原氏衰落以后，12世纪下半叶，平氏和源氏家族之间爆发了战争，这两大家族位列平安时代的四大豪族。这场危机持续了5年，最后在1185年以源氏家族的胜利而告终。

❖ 源赖朝的画像，他在1192年就任幕府将军。该作品的创作时间可追溯到12世纪末。

日本封建制度

　　12 世纪至 17 世纪是日本古代封建制度的发展时期，政治、社会和经济方面都发生了明显的变化。在各个组成部分中，地方的军事特权阶层——武士扮演着越来越重要的角色。武士阶层开始在地方管理上拥有更多职能，并逐渐代替了地方文官。与此同时，地方领主和臣属们建立了新的关系，土地越来越集中在少数几个大名手中。这一阶段，京都也发展到了鼎盛时期。◆

12 世纪至 14 世纪，各方为争夺霸权，接连发动战争，这之后日本得到了统一，也为足利氏的统治打下了基础。上图为足利义满（1358-1408）的雕像。

金阁寺的景观，京都

冲突不断

　　13 世纪中叶，旧的特权阶级和新兴地方豪强之间争夺王权的矛盾一触即发。后醍醐天皇发起倒幕运动，足利尊氏奉天皇之命带兵占领京都，灭了镰仓幕府。但之后，足利尊氏反叛，占领京都并拥立新的天皇，他自己也成为北朝的征夷大将军。

❖ 足利尊氏的画像，14世纪。

最后的北条氏

　　北条氏取得实际统治权后，忽必烈意图入侵日本，日本处于一段不安定的时期。为此，镰仓幕府不得不组建武装，抵御忽必烈的大军，但此举也动摇了镰仓幕府的统治根基。北条氏和后醍醐天皇的战争，以及后醍醐天皇从首都出逃，种种事件均导致了北条高时无可挽回地败给足利氏。后来，北条高时与 800 名同族集体自尽。

❖ "被幽灵折磨的北条高时"，月冈芳年作品，绘于1883年。

室町幕府

　　足利氏掌权期间，京都成为军事特权阶级的中心。征夷大将军和他的家族放弃了之前的根据地，迁到京都并建立了宅邸。他们也照搬了旧贵族们的生活习惯，换上了贵族的传统服饰，并接受了宫廷生活特有的生活节奏。

落空的尝试

战国时代（1478-1573），生性好战的织田信长首次尝试统一日本。但是，由于遭到手下将领明智光秀的背叛，织田信长统一日本的野心落空，最终切腹自尽。

月下的封建时代武士

建筑 京都建筑为地方贵族——大名们提供了新的参考，他们按照京都的范式建造了自己的宫殿和寺庙。

新生活 京都特权精英过上了新生活，他们爱好艺术，钟情于华美的建筑，所以，宫殿四周环绕着树林、瀑布和美丽的水池也就不足为奇了。

佛教禅宗

12世纪末，荣西禅师从中国学禅，归国后将禅宗引入日本，由此，中国佛教在日本的影响力上升到一个新的高度。佛教的禅宗高度推崇冥想和自律的作用，在士兵、武士之间被广泛接受，甚至成为官方的宗教信仰。

❖ 镰仓的大铜佛像，1252年。

一个时代的终结

15世纪至16世纪是日本封建社会的末期，这个阶段的大部分时间都充斥着争夺霸权的战争，织田信长、丰臣秀吉和德川家康为统一日本做出了各种尝试。最后，德川家康掌权，迁都江户（即如今的东京）。

❖ 丰臣秀吉的画像，从1585年执政开始，此后的13年，丰臣秀吉是日本实际上的统治者。

德川家族

由于江户是征夷大将军所在的政治中心，因此，德川氏建立的幕府也被称为江户幕府，它是日本史上第三个，同时也是最后一个统一日本政权的封建政府。江户幕府的开创者是德川家康，于1600年至1605年执政，独揽军政大权。在整个江户时代，德川氏对任何可能威胁到自身霸权的敌人都予以严酷镇压，如驱逐外国人、镇压农民起义等。基督教徒也遭到了追捕、囚禁和杀害。江户时代的城市不断发展，18世纪中叶，江户已成为拥有100万居民的城市。◆

江户时代，能剧获得军事特权阶级的青睐，成为官方的娱乐活动。能剧源于"猿乐"，是一种地方表演形式，在13世纪得到发展。能剧的特点之一是演员表演时必须佩戴面具。上图为18世纪的能乐面具。

基督徒的危机

很快，德川幕府就着手消灭劲敌，并开始追捕那些潜在的敌对势力。基督徒被划分在后者之列，1612年到1651年间，他们遭受了残酷的迫害。德川幕府还以葡萄牙人支持基督教地区的农民起义为由，将其驱逐出境。

❖ 德川幕府对基督徒施以酷刑，插图源自《基督教传教史》。

❖ 1622年，51名基督徒在长崎殉道。

战争中催生的职业

到了17世纪末，以武士为职业谋生的人几乎占到当时日本3 000万人口的7%。这样一来，武士数量就大大超过了幕藩体制所需。很多武士成为无产者，于是武士阶层逐渐舍弃严苛的武士道原则，开始接受富商们的雇佣。

❖ 决斗是日本传统艺术中最重要的题材之一。上图为"曾我兄弟复仇"，17世纪的屏风画。

武士朝廷的画家

尽管狩野派是江户时代艺术的主流，但仍有一批实现了艺术创新且风格独特的画家在这个时代脱颖而出。

俵屋宗达（1600—1640年活跃于画坛）。曾是狩野派的门生，创立了风格鲜明的"琳派"。他是第一个以自然为题材制作花笺的人。

在日本的欧洲人 德川幕府时期，除了荷兰人，其他欧洲人都被驱逐出境，荷兰人被监禁在长崎的一座人工岛上，即出岛。

最后的抵抗

最后一场农民叛乱在长崎城爆发，1638 年，叛变者逃亡到岛原城堡。最终，征夷大将军的军队装备着荷兰人提供的大炮，对叛逃者进行了残酷的镇压。叛逃者的结局十分惨烈，超过 35 000 名农民死于这次叛乱。

❖ 长崎湾是江户时代唯一对外国开放的港口。

征夷大将军德川家康，17世纪

新的朝代

德川家康（1543 年 –1616 年）是德川幕府的建立者，也是江户时代第一任征夷大将军。德川氏掌权 264 年，家族成员中有 15 人先后出任征夷大将军。德川家康于 1600 年开启了新的朝代，并在接下来的 5 年中执掌大权。德川氏掌权时期，征夷大将军们始终奉行维持中央集权、维护国家统一的政策，这与之前日本长期处于地方割据、内战频发的状态形成鲜明对照。

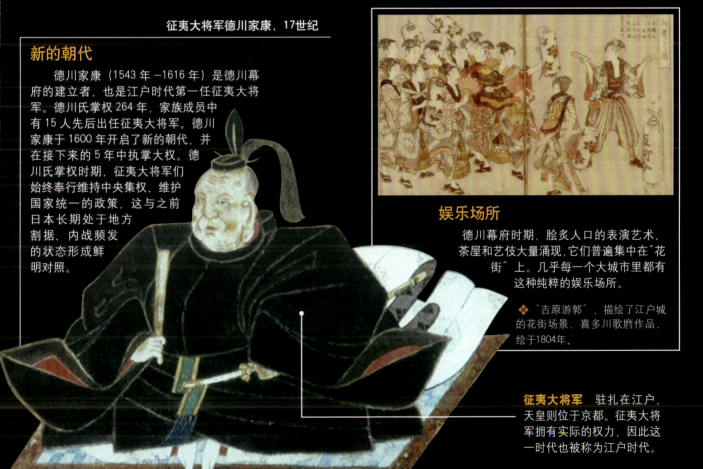

娱乐场所

德川幕府时期，脍炙人口的表演艺术、茶屋和艺伎大量涌现，它们普遍集中在"花街"上。几乎每一个大城市里都有这种纯粹的娱乐场所。

❖ "吉原游郭"，描绘了江户城的花街场景，喜多川歌麿作品，绘于1804年。

征夷大将军 驻扎在江户，天皇则位于京都。征夷大将军拥有实际的权力，因此这一时代也被称为江户时代。

尾形光琳（1658–1716）。他是一位极其擅长构图和运用颜色的画家，他将俵屋宗达的琳派发展成熟，风格更为抽象。

圆山应举（1733–1795）。他创新了光影效果的技法，并创立了自己的流派：圆山四条派。

浦上玉堂（1745–1820）。他是日本南画的一位重要画家。南画起源于中国，是一种结合了诗歌和绘画的艺术形式。

明治时代

明治时代推动了强劲的变革，结束了封建制度，是日本现代化的开端。明治维新的结果是创造了统一的工业化国家，此后日本开始寻求成为一个真正强国的道路。该时期推行的改革也废除了宗族和武士阶层的特权地位，埋下了分歧和动乱的隐患。最终，日本建立了以国家宪法和政党执政为基础的现代政体。◆

高村光云于 1893 年雕刻的作品。

日本新旧军队的对比，19世纪的插画

后世改革之源

建设以义务兵役制为基础的现代军队增强了日本国民对帝国的忠诚度，这是明治时代最大胆的改革之一。此外，按照西方制式装备的现代化军队，也极大地削弱了当时人数众多的武士阶层的力量。而武士阶层与日本社会最为保守的势力紧密相连，他们自身就是保守派最具代表性的一方势力。

模板 日本新式军队是按照法国和德国的模式建立的。新式军队也被赋予了独特的全民参与国防的意识。

新式军队

军队现代化不仅意味着制服、装备和招募士兵方式的改变，也代表了旧的特权阶级的破灭以及国家意志的神化，使其成为唯一的、至高的全体国民意志。

◆ "行军图"，1877年绘，这只行军队伍是为了镇压同年发生的武士叛乱。

铁路

东京－横滨线铁路自1872年开始运作，这条铁路是日本政治、经济、社会等各个领域现代化进程的一部分。铁路工程耗费了近2年时间，依靠英国的技术和设备才最终得以完成。5年后，大阪建立了铁路工程方面的学校，1914年，日本已建成如今铁路网的一半。

◆ 东京－横滨线铁路正式开通时，天皇主持开幕仪式的插画。

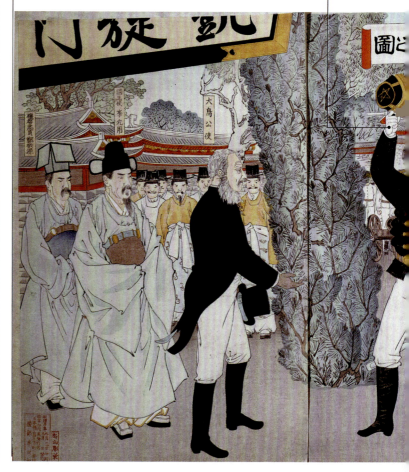

保守势力的反扑

　　面临明治时代革命领袖不断高涨的改革热情，保守派的主力也纷纷露面，反对废除日本封建制度。新的领导阶级和大阪的大财阀达成了合作，而这些财阀们支持了国家的工业化进程、新式陆海军队的建设及其装备配置，并从中获得了丰厚的利润，毫无疑问，他们是推行这种新扩张主义的主要动力。

❖ 描绘最后一场起义失败后，武士们投降的画作，绘于1877年。

明治天皇

　　明治天皇是日本工业化进程的真正推动者，他是一位热忱的政治、文化改革者。明治天皇最大胆的举动之一是把首都从京都迁到了江户，并将其改名为"东京"，于是，东京就成为新的首都。明治天皇还发起了第一部国家宪法的制定，使日本政体变为以议会分权、拥有宪法的世袭君主制。明治天皇既是行政首脑，也是军队最高统帅。宪法还规定了议院组成和政党运行机制。

❖ 明治天皇的父亲孝明天皇于1867年逝世，这之后，明治天皇登基执政，直到1912年结束统治。

❖ 1899年的画作，描绘了明治天皇1899年颁布宪法时的场景。

军力　由于日本的军队按照西方制式更新了军备，部队配备的枪支使其实力大增。新式军队最早斩获胜利是在1877年，这次行动是为了镇压保守派的叛乱，肃清武士阶层。

社会和日常生活

社会和日常生活

武士文化遗产

一直以来，在日本的社会和文化里，本民族的风俗和传统都占据着重要地位。毫无疑问，这些传统和风俗把日本人和本国的历史、宗教信仰紧密地联系在一起。

日本的传统融入大众生活的方方面面，值得一提的是，神道教，这个反思人与自然神秘关系的宗教，塑造了日本人在几个世纪中都未曾改变过的社会行为标准。

庭院和池塘之间

传统日式住宅的建造理念之一就是要具备维持人与自然和谐关系的功能，住宅要为居住者提供一种有益身心平衡的环境。

一般来说，最古老的日式住宅以木材为最基本的建筑材料，房屋的支撑结构和墙壁也都用木材建造。日式住宅采取一种特殊的隔断分隔空间，具有惊人的灵活性和功能性。此外，这种隔断用柔性的材料制成，这一点也令人印象深刻。通常，传统住宅都有合理、灵活的隔断体系，方便人们根据需要扩大室内空间。另一方面，地板上覆盖着一些席子，即传统的榻榻米，它在日本的历史可以追溯至8世纪。榻榻米是用植物纤维编织而成的，不仅为住宅增添了新的自然元素，并且冬暖夏凉，非常实用。榻榻米在日式住宅中被广泛使用，因此，用榻榻米的叠数衡量住宅面积的做法十分普遍。

第二次世界大战结束后，由于日本对大城市进行重建，一些传统住宅的特点开始发生变化，尤其是在人口密集的城市。尽管如此，人们仍然使用着传统的榻榻米，住宅中至少有一个房间使用榻榻米。

日式住宅的另外一个基本要素是园林艺术，这种艺术形式在几个世纪前就已存在。受神道教影响，日本人建造了私人或集体庭院，提供静思和冥想的环境。庭院中最基础的两个元素是石头和水，石头往往以雕像或石灯的造型出现，水池、池塘和瀑布都为心灵平静和情绪的平衡提供了良好氛围。

饮食

日本的传统饮食也深受神道教信仰和哲学的影响，人们认为，饮食有度对防止机体失衡至关重要。白米饭无疑是日本一切饮食的基础，搭配各种菜肴享用，无论什么菜肴，都是白米饭的补充。汤和醋腌蔬菜也占有重要的地位。

日本拥有广阔的海岸线，所以，用生或熟的鱼肉以及海鲜制作的各种料理，在日本享有"特权地位"。最有名的日本食物莫过于寿司，它的名声甚至传到了海外。

总体而言，日本饮食普遍追求健康、少油，配料少且简单，这是

◆ **日本盆栽** 自然树木的缩小版，它是对日式审美模式及其巅峰时期美学最完美和最理想的体现。

❖ **茶**　一种传统的饮品，在过去曾起到促进社会交往的作用，也是一种享乐的方式。上图为正在喝茶的三位女子，喜多川歌麿作品，绘于18世纪。

日式饮食的特色。调味料也在日本饮食中扮演着重要角色，尤其是芥末和生姜，它们通常是盛在小碟里提供给食客们，方便调味。

女性的角色

毫无例外，日本古代社会男女地位也不平等，在历史上的大部分时间里，女性都不知道平等为何物，尽管她们在家庭、农田和朝廷中都要严格地履行好各种职责。不论她们处于什么地位，都肩负着烦琐而沉重的任务，但并不享有自主权。最有代表性的就是武士的妻子，她们必须负担起家庭中的一切事务，还要负责武士的装束。甚至当武士奔赴战场时，她们必须担负起保护家宅安全的责任，用弓箭等身边可用的武器防御敌人。一旦守卫失败，就会被认为是一种耻辱，她们就会以特定的方式自杀，即用藏在和服中的匕首割喉，而且必须注意倒下的姿态要体面，因此，她们往往在自杀之前在双腿周围绑上绳子，以便倒下后双腿保持并拢。

折纸的乐趣

❖❖❖

日本社会的日常生活中总是穿插着与艺术创作或宗教思想密切相关的活动。

其中一些活动的共同点是特别要求遵守纪律、专心致志，比如园艺、盆栽和花道等。与其同属一类的日本折纸艺术就是一个具有代表性的例子。"折り"这一术语，是由"折（お）る"，即"折叠"和"纸（かみ）"这两个词组成的。

折纸可以是单人或多人的活动。人们试图把纸折成各种形状或形象，这就需要将专注、设计和思考结合在一起，因此，折纸能够激发人们的创造力，同时也锻炼动手能力。

折纸和神道教思想也有着明显的联系，这是因为"纸（かみ）"和"神（かみ）"读音相同，所以，折纸也与日本人信仰的众多自然神关联了起来。

❖ **象征**　武士刀是日本人所信奉的美德的最好体现，也是武士尊贵身份的象征。

❖ **扇子**　男女服饰中通用的重要配饰。另外，扇子还是具有很大美学价值的器物，扇面上总是绘有水彩画。

另一方面，女性们必须保持美丽的外表，各个方面都要精致，身着优雅的和服，使用含有滋养成分的化妆品。

需要特别提及一下艺伎这个群体。她们是真正意义上的专业表演艺人，与职业游女不同的是，艺伎卖艺不卖身。艺伎是音乐、舞蹈甚至是讲述历史故事的专家。在很长一段时间内，从事艺伎行业的既有女性也有男性，但这种传统逐渐衰落了，以致后来几乎只有女性从业者。她们是各种艺术的专家，从很小的时候就开始接受职业培训，负责指导她们的是那些在表演艺术方面经验丰富的女性。

村镇中的女性群体主要由农民和手工业者组成。她们要分担丈夫在田间的繁重劳作，用肩膀挑起沉重的粮食。回到家中，她们还必须负责一切家务。

明治维新、社会风俗的民主化趋势以及西化的价值观，都使日本的开放程度得到加强。

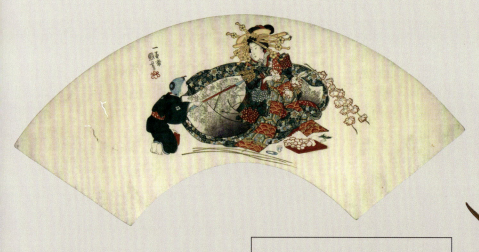

❖ **服饰** 和服是日本男女普遍穿着的服饰。

服饰

日本的典型服饰是和服或浴衣，这种服饰普遍为丝绸材质，宽松的袖子、较少的缝制工序是和服的特点。和服长及脚踝，穿着的时候需要将和服在腰部折叠，用一条宽腰带围绕固定。尽管到了20世纪，和服基本上已在日常生活中被束之高阁，但出席节日盛会或在宗教仪式上，人们还是习惯穿着和服。

在男士和服中，占主流的是一种宽松的样式，它由一件里衣、外穿的羽织以及长及脚踝的袴组成。另一方面，与华丽的女士和服不同，男士和服非常朴素，以深色为主，和服上从来都不曾有彩色。

日本传统的鞋子是男女通用的，它是木底鞋，名为下驮，即木屐。特别值得一提的是和服的配饰和补充物，比如竹扇、竹伞、发饰和发型，它们除了具有美学功能，还能显示出穿着者的身份和社会等级。

茶道仪式

茶道是日本最具象征性的传统之一，这是一种规定了奉茶和饮茶之道的仪式，并且使用的茶是用绿茶粉"抹茶"冲泡而成的。茶在日本文化中的出现要追溯至8世纪，是从中国引入

武士道精神

❖❖❖

武士道在日本传统中拥有特殊的地位，"武士道"即"武士要遵循的道义"。武士道是武士们严苛遵守的道德准则，履行武士道甚至要发誓以生命为代价。一旦武士执行任务失败就必须以一种特殊的方式赴死，即切腹自杀。

武士道的主要内容是七种被武士奉若神明的美德，即正直、勇敢、仁慈、礼仪、名誉、忠诚和诚实，这些美德是在佛教和神道教思想的深刻影响下发展起来的，尤其是他们将克己和武士的忠诚奉为不朽的道德准则。

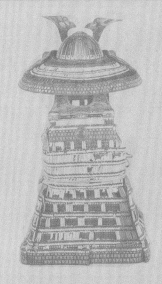

❖ **传统之源** 武士既是许多日本传统、道德和精神守则的源头，又是其最常见的具体体现。下图是歌舞伎剧中的武士形象。

的。从12世纪开始，茶道渐渐地在日本的富裕阶层传播开来，尤其受到武士阶层的欢迎，而且，正是武士们制定了茶道必须遵守的规则。16世纪中叶，千利休最终确立了茶道程序的规范，茶道从此成为一种固定的风俗习惯。茶道的基本理念源自佛教禅宗思想，以茶为媒净化心灵，达到天人合一的境界。寺院里的茶道是由僧侣主持的，此外，僧人也负责奉茶，冲泡的动作需按照规矩细致认真地进行，每一个举止都象征着特定的意义。

从整体上看，在适合冥想和静思的环境中，茶道这一文化活动融合了多种日本艺术。从茶室建筑到室内装饰，从插花到陶瓷花瓶，甚至是墙上的诗歌，茶道中的任何细节布置都不能随意而为。

花道

花道是一种出色的插花艺术，最早来自佛堂供花，是日本古老的传统之一。花道于6世纪引入日本，并且保留了最初的宗教功能，但是，随着时间的推移，花道更多被用于家居装饰中。

起初，插花是一种简单的鲜花贡品。直到10世纪，花道的形式融合了一种刻意求工的美学，变得更加复杂和多样。花道流派陆续兴起，每个流派都给花道增添了象征因素。花道使用的基础素材是鲜花、树叶和花瓣，也使用谷穗、草、树枝、草穗和果实。尽管随着时间的推移，花道中加入了人造素材，但总体上还是使用鲜活的植物。设计插花时，所有素材的颜色、形状和质感都是要考虑的要素。

盆栽也是从中国引入并与日本当地传统融合后形成的一种传统艺术。这种传统艺术最初源于道家思想，盆栽中的树是永恒的象征和体现。在最初的几个世纪中，种植盆栽的人主要是富裕阶层。盆栽尤其受到贵族和武士的欢迎，他们把盆栽当作建立天人合一关系的方式。

海洋的馈赠

虽然日本饮食的基础是米饭，但该地区的岛屿特色使捕捞海洋物种变得顺理成章，海鲜自然而然成为当地食谱中反复出现的食物。

渔业的重要性在日本历史的早期就已显露出来，这是因为各地气候不同，在某些地区渔业经济明显比水稻种植更具优势。抛开日本饮食菜单中那些新颖的海鲜菜肴不谈，如刺身（切成圆片的海鲜）和寿司（生鱼片裹米饭），几个世纪以来，海洋资源的获取是非常艰苦的，还时常伴随着危险，尤其是在捕捞海鲜的过程中，渔民经常遇到海洋中的捕食者。而在海滩上捡拾蛤蜊、捕捉螃蟹则需要全家出动，每个人都需要背负沉重的捕获物。

❖ **赶海** 歌川广重 (1797–1858) 的作品，生动细致地描绘了人们赶海的场面。

日式住宅

　　日本的住宅有一个共同特点——实用性强。日本人使用的建筑材料给居住者提供了极大的灵活性，允许人们改变住宅的内部结构，比如，可根据需要拉开障子，扩大房间的使用面积。为了使房屋具备这种功能，　在选择材料的时候，人们大多使用轻质材料。木材和纸张是最受日本人青睐的房屋材料、瓦片、稻草也包含在内，有时还使用石头。◆

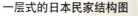

一层式的日本民家结构图

传统民家

　　日本的民宅被称为"民家"，大约起源于封建时期，根据各地不同的气候条件，民家的结构和建材也不尽相同。它的主要特点是实用的设计以及轻质建筑材料的使用，后者与日本人对生命的理解不谋而合。因此，也就不难理解为什么日本人认为拥有庭院或泉水比坚固的墙壁更重要了。

家庭佛龛

　　由于日本人日常生活的方方面面都渗透并践行着佛家思想，因此，几乎每个日本的传统家宅内都供奉着佛龛，佛龛的大小根据房屋的面积有所不同。

◆ 佛龛内供奉着各种形象的佛像。

火炉　通常是燃烧的状态，它是家中主要的取暖方式，偶尔也被用来烹饪。火炉习惯建在木地板中间的凹坑中。

土间　进入被木地板覆盖的内室前必须通过的区域。土间的地面夯实，它是预留出来让人进屋前脱鞋的地方。

外部空间　这一区域被称为缘侧，外形像有屋檐的露台。缘侧地面上也覆盖着木板，是迎接客人的主入口，客人们一般在缘侧一边的石头上脱鞋子。

鸭居　障子门或屏风上方的木质建具，通常装饰有丰富的雕花，起到划分各个房间边界的作用。

置物架　几乎在每个古代日本贵族的宅邸中都安装有这种置物架，人们习惯在上面收存各种物品和货物。

屋顶　经常用各种材质做成不同形状。最常见的是用瓦片在木质框架上搭建的斜顶。有的瓦片屋顶边缘上带有非常显眼的装饰，也有的屋顶用稻草或木板搭建而成。

障子门　通过关拉障子门，人们可以根据想要的效果扩大房子的空间。

榻榻米　用灯芯草和稻草编织成的草席，日本人用它铺设房间的地面。由于榻榻米的规格是固定的，有时会用榻榻米来衡量房间的面积，大部分房间的大小在6叠到8叠之间。

垂直竖梁　被打入地基，起到抬高房屋、防止室内潮湿的作用。另外，竖梁是按照对称的方式建造的，使房屋整体更为坚固。

服饰

　　在日本最宝贵的传统文化当中，服饰文化历经几个世纪被保留了下来。虽然人们只是偶尔在仪式性场合穿着，但幸运的是，传统和服得以延续至今。无论男士和服还是女士和服，都是这种传统文化的标志，它们种类繁多、颜色鲜艳、纹样美丽。鞋子和头饰也与和服文化有着紧密的联系。通常，穿上这些传统服装着实要花费一些心思，尽管这与其方便穿着的主要功能相互矛盾。◆

　　从前日本人穿的鞋子是草编或木质的拖鞋，前者被称为"草履"，用轻质材料制成，如灯芯草和皮革；后者是木履，名为下駄。通常来说，这两种鞋都要搭配一种被称为"足袋"的短袜。上图是一双日本木屐。

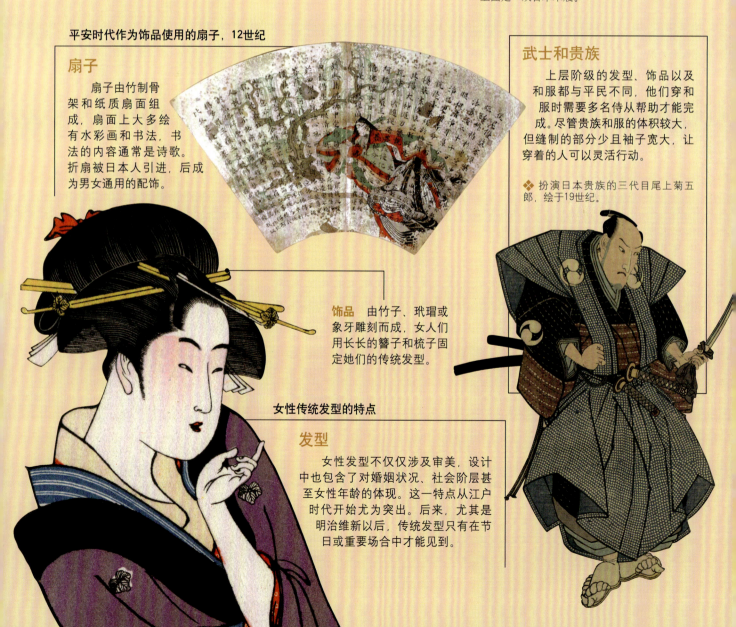

平安时代作为饰品使用的扇子，12世纪

扇子

　　扇子由竹制骨架和纸质扇面组成，扇面上大多绘有水彩画和书法，书法的内容通常是诗歌。折扇被日本人引进，后成为男女通用的配饰。

武士和贵族

　　上层阶级的发型、饰品以及和服都与平民不同，他们穿和服时需要多名侍从帮助才能完成。尽管贵族和服的体积较大，但缝制的部分少且袖子宽大，让穿着的人可以灵活行动。

◆ 扮演日本贵族的三代目尾上菊五郎，绘于19世纪。

饰品 由竹子、玳瑁或象牙雕刻而成，女人们用长长的簪子和梳子固定她们的传统发型。

女性传统发型的特点

发型

　　女性发型不仅仅涉及审美，设计中也包含了对婚姻状况、社会阶层甚至女性年龄的体现。这一特点从江户时代开始尤为突出。后来，尤其是明治维新以后，传统发型只有在节日或重要场合中才能见到。

浴衣

男士传统服装中,浴衣最轻便,和服是正式服装。与女士和服不同,男士和服外观朴素,以深色为主,基本上都是单色调。和服由羽织(外衣)和袴组成,袴是一种裙裤,和服、纹付都要掖在袴里面。

❖ 浴衣大多有着宽大的袖子。

被五名侍女围绕着的日本贵族女性,18世纪

和服

和服无疑是日本文化中最具代表性的服饰。直至明治维新后,整个日本社会开始西化,日本民众才渐渐地不再将和服作为常服穿着。穿和服时,要按照个人身材将和服多余的布料折叠在腰部,然后用腰带紧紧固定。传统穿法是左侧衣襟压在右侧衣襟上,但在服丧期间正好相反。

布料　不同场合穿着的和服是使用不同的布料缝制的。庆典或重要场合应穿丝绸和服,而日常生活中则多穿棉质和服。

装饰　女式和服常用精美的丝线刺绣、织绣、手绘花纹或染色的方法制作,通常以鲜艳的颜色和花卉图案作为装饰。

阳伞

阳伞是日本女性服装的传统配饰。一般来说,伞和扇子类似,是用同样的材料制作而成的,伞面上也装饰有精美的绘画。

❖ 《橘町艺伎》,鸟居清长(1752—1815)作品。

饮食文化

日本美食的烹调主要遵循以下几个原则，这也是和食的特点：健康少油，多蔬菜，配料简单且外观精致。由于日本坐落在海岛上，因此日本饮食很好地利用了海洋的馈赠，同时以米饭作为食谱的基础。日本人对米饭十分偏爱，在他们看来，其他食物只是米饭的补充。最具标志性的日本饮食是寿司和刺身，它们都是用生鱼肉制作而成，用芥末和生姜调味。◆

柿子（上图）是很受日本人欢迎的本土水果。风干的柿子可以用来制作一种地道的甜食。大部分柿子味道甜美，只有几个品种略微带一点酸味。

九州的水稻梯田

水稻种植的千年历史

水稻种植要追溯到日本文化的最初阶段。日本水稻种植深受亚洲其他国家影响，由于这些地区属于季风性气候，因此首先在大面积的积水洼地发展起密集型的水稻种植业，后来又发明了人工灌溉法。水稻种植技术的成熟使水稻质量和产量都得到了提升，随之而来的便是人口的持续增长。从此，米饭融入了日本人的日常饮食之中。

品种 日本全国上下都种植了多种改良品种的"日本米"。最受追捧的品种是"越光"米，其味道和口感极佳。

日本梨

日本梨是日本人最喜欢的甜食之一。由于梨营养丰富，味道甜美，口感脆嫩，因此深受日本人喜爱。日本梨和苹果有着相似的口感和外形，但却有梨自身的味道。

◆ 日本梨有绿色和栗色两大品种。

一盘日本刺身

生鱼

生鱼是日本美食最脍炙人口的食材之一。吃生鱼片时，食客们常常佐以小菜和几种调味的酱汁，比如，酱油、芥末。通常，日本人习惯轻度烹调鱼肉和海鲜，或直接生吃。

◆ 寿司是国际上最知名的日本料理，它是用生鱼片卷裹拌醋的米饭捏制而成的。

蘑菇

　　蘑菇是日本饮食中不可缺少的食材，其中，味道浓郁的香菇常被日本人用来炸制天妇罗。天妇罗是将蔬菜或海鲜裹上面衣，经油炸而成的食物。金针菇在日本菜谱上也是常见食材，尤其常被作为火锅（又名"日本锅物"）的涮料。

❖ 香菇也可以经烘烤或脱水制成薄片，用来做汤、焖米饭。

汤

　　汤是日本饮食中另一种常见的菜式，常常和作为主食的米饭一起端上餐桌。汤有许多种，海鲜汤是主流。还有一种常见的汤是味噌豆腐汤，这两种配料都是用大豆加工而成。味噌汤多在早餐和晚餐中出现。

❖ 上图为一碗蛤蜊味噌汤。

生产　日本生产水稻的历史已逾千年，几乎成为一种文化遗产。如今，日本境内有无数种植水稻的小型农场，并且实现了高度机械化生产。

"茶屋之美"，歌川丰国作品，绘于18世纪

茶道仪式

　　9世纪，佛教僧侣将茶道从中国引入日本，很快就风靡全国，它既是一种搭配着食物饮用的保健饮品，又在多人参与的茶道仪式中扮演核心角色。日本茶道有着固定的传统程序，因为受到佛教禅宗的影响，茶道仪式是在一种沉静、内省的环境中进行的。茶道经常会持续几个小时，需要以特别的方式准备茶饮，并使用专门的茶具。

姬路城

姬路城因建于兵库县姬路市而得名，它是日本封建时期最具代表性的建筑之一。姬路城又名白鹭城，这是因为城堡的外墙颜色雪白，而且中间天守阁的外形像振翅欲飞的白鹭。城内有着错综复杂的防御工事，一系列的城墙和庭园阻挡了入侵者直接攻入主屋天守阁。天守阁于17世纪初建成。由于姬路城是重要的文化、艺术遗产，1993年，它被联合国教科文组织列入《世界遗产名录》。◆

西侧庭院 西之丸庭园，是大名的家人居住的区域之一。这里也有化妆橹，是领主的女眷们居住的地方，到了晚间，门户紧闭。

姬路城的轮廓

特殊的设计

姬路城内有许多的门、围墙和城墙，可以起到扰乱敌人、使其无法长驱直入的作用。守城军士对每一处防御工事都了然于心，能够利用这些内部结构更好地组织防守和反攻。姬路城建于室町时代的南北朝时期（1336–1392），此后许多年里，姬路城被各大氏族垂涎和占领。关原之战翌年（1601年），德川氏将城堡敕封给了池田辉政，而后者将姬路城建设成如今的模样。

姬路城平面图

由于地势险峻，难以到达，姬路城的地基依地势而建，有着与众不同的设计，其目的就是为了更好地防御敌人。宽阔的庭园起到了连接城内各个部分的作用。

1 主门
2 三之丸
3 西之丸
4 本丸
5 大天守阁
6 护城河
7 三国壕
8 后门
9 二之丸
10 外围工事

◆ 姬路城的平面结构图和城中的重要地点。

曲线墙 墙面上窄下宽，呈扇形，这也是日本城堡墙壁的特点。这种墙叫扇墙，它增大了敌人攀爬的难度，起到增强城堡防御能力的作用。

城门 在前往大天守阁的路上，要经过很多道门和围墙保护的庭园，敌人来此如入迷宫，找不到方向。

城堡的屋脊和屋顶

日本封建领主所拥有的巨大权势，可以从他拥有的大量财富以及城堡屋檐和屋顶的装饰上反映出来。姬路城屋檐的末端用"鯱"装饰，鯱是一种外形似鲸、能够辟火的神兽。天守阁的屋檐和曲线形的山墙共同构成了一个连绵起伏的整体。

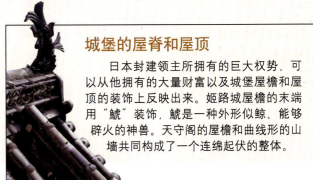

◆ 城堡屋脊上"鯱"的细节图。

白鹭城

　　姫路城的主要建筑天守阁由池田辉政于 1601 年至 1609 年主持修建。德川幕府时期，天守阁权力中心的地位得到进一步加强。大名们在这里做出政治决策，被围困时也会逃进天守阁以求自保。它也被称为白鹭城，因为它的外观让人联想到飞翔的白鹭。

❖ 从雪白的天守阁上眺望，整个姫路城建筑群尽收眼底。

大天守阁　为主要建筑，共8层，尽管从外面只能看到5层。大天守阁旁边还连接着3个小天守阁，从中可以看到各个庭园的状况。

二之丸庭园　由于这里离天守阁很近，限制了该区域的防守功能，因此，二之丸是姫路城防卫最薄弱的侧翼。

粮仓　姫路城所在的省份，每年能为姫路城主生产数百吨大米，这些大米被储藏在多个谷仓之内。

本丸　在姫路城中，本丸的重要性仅次于天守阁。它位于城堡的中央，附近有三个同心庭园。

腹切丸（带郭橹）　尽管这里可能是人们切腹自杀的场所，但事实上它更有可能被用于向护城河内注水。

射击口　弓弩手和火枪手利用这些窄小的墙壁开口狙击敌人。还有一些更为隐秘的开口用于向敌人浇沸水。

日本武士

　　"武士"这一称呼专门指日本封建时代的战士，同"武侍"，即侍奉天皇和幕府将军的武装人员。他们是战争专家，但在接受培养的过程当中也要学习诸如书法和绘画之类的艺术。通常，他们都接受过文化教育，严格奉行维护武士名誉的准则。江户时代，武士阶层的发展达到巅峰。随后，国内形势发生变化，武士们开始为富商们效命，充当他们的私人护卫。后来，武士的军事功能逐渐弱化，甚至演变为仪式性的摆设。19 世纪末，由于明治维新废除了武士阶层，武士集团作为军事部队的历史宣告终结。◆

两种方式　用薄薄的钢打造而成的日本刀可以有两种佩刀方式：太刀是用绳子绑在铠甲外面，而打刀是佩在腰间。

武士铠甲

　　武士铠甲是用绳子编结起来的，覆盖着上过漆的钢板，铠甲腿部和肩部下摆的设计与古希腊的盔甲类似。武士铠甲由三部分组成：兜（头盔）、衡胴（胸甲）和草摺（裙甲）。这种形制的铠甲是专门为骑兵设计的，最早源于镰仓时代，即 14 世纪初，重达 17.5 千克，用铁板、铜、皮革和丝绸制作而成。

1　锹形　头盔顶部的装饰
2　眉庇　头盔的护目罩
3　铔　护颈
4　吹返　金属护耳板
5　绵上　肩甲
6　栴檀板　右胸的甲片
7　鸠尾板　左胸的甲片
8　弦走韦　腹甲板
9　菱缝板　裙甲的甲片

全副武装的日本武士形象

武士阶层的起源

　　武士阶层起源于平安时代，当时用"武侍"一词来指称守卫皇宫的武装警卫。后来，武侍们渐渐专业化，掌握了不同的武术技能，融合了各式武器的使用，他们尤其擅长使用武士刀，也会使用弓箭。甚至到了 16 世纪，武士们依然对火器报以蔑视的态度，这一点毫不奇怪，因为在武士们的眼中，用火器战斗是一种极不光荣的行为。

笼手（臂甲）　武士们用这种可以活动、上面有金属板的护套来保护手臂。笼手的设计使武士能够在战斗中灵活自由地操纵武器。

外套　铠甲外面的外套（如右图，用金银镶嵌的丝绒外套）可以起到防寒保暖的作用。16 世纪左右，这种服装成为一种身份的象征。

袴　类似一种裙子，武士穿着袴能够减轻骑马时对大腿的擦伤。后来，虽然人们不再以马匹为主要交通工具，但袴已经成为和服固定的组成部分。

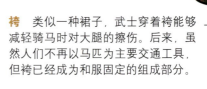

浪人　即无主的武士。一旦武士战败，违背了荣誉准则，或他的主人被杀，武士就失去了他的特权地位，成为浪人。

弓术　骑马射箭对身体的协调性要求很高。武士们要每天训练，一箭接一箭地射向固定或移动的靶子。

宫本武藏

宫本武藏是整个日本历史上最厉害的剑术大师之一，他能够在战斗中以一敌多。另一位著名剑客是冢原卜传。宫本武藏是17世纪日本封建时代的传奇人物，他还在绘画、书法和文学方面有所贡献，著有武学典籍《五轮书》。

❖ 1885年中井芳滝的画作，描绘了宫本武藏在决斗中以一敌多的场面。

武士道——武士的荣誉守则

武士们从职业生涯的开始就受到武士道戒律的严格约束，武士道格外强调忠诚、正直、诚实、勇敢。16世纪时，武士道的内容被写成了书籍。尽管在1871年，武士道和封建制度一起被政府废除了，但日本军队内部仍然延续着这种精神守则。武士一旦失去荣誉，就必须切腹自杀。"切腹"顾名思义，就是用刀给自己开膛的一种特殊的自杀方式。

武士道对名誉的定义与佛教禅宗僧侣们倡导的美德有着密切关系。

❖ 身着各色盔甲、携带武器的武士团体。他们的头盔非常奇特，体积大且上面带有装饰。

传统戏剧

　　戏剧是日本最著名的艺术表现形式之一，其传统程式一直保持着最初的特点。歌舞伎和能剧是最具代表性的戏剧，两种戏剧在演员的行头和舞台布景上各具特色。"文乐"也值得一提，是一种木偶剧。这几种表演中，女性角色都有着特殊的地位，尽管在前两种戏剧中，长期禁止女性参与演出。此外，化妆、面具等要素都是日本戏剧用来表现高度戏剧性的方法。◆

戏服 歌舞伎演员的戏服和发型上均有着大量装饰。

描绘歌舞伎表演场景的画作

歌舞伎

　　歌舞伎最早可以追溯到17世纪初，起源于京都河岸旁兴起的一种新的戏剧舞蹈。当时的表演者全部是女性，男性角色也由女性扮演。很快，这种艺术形式开始流行，出现了更多的歌舞伎演员。后来，歌舞伎演员都被替换为男性，禁止女性参与演出。据说，这样做的理由是为了捍卫社会道德，净化不良风气。

化妆 将歌舞伎与其他戏剧区分开的一大标志。歌舞伎演员的底妆要用米粉把脸涂白，妆容的目的是凸显出脸部轮廓，通过这种方式寻求戏剧表现力的最大化。

木偶 大小不一（也有高度超过1.2米的木偶），木偶的头部和手部关节非常灵活，其服装、面部妆容以及装饰的细节都经过了精心的设计、雕琢和修饰。

木偶戏

　　文乐的主要特点是将傀儡戏、说唱曲和音乐这三种艺术形式融合在一种戏剧中。文乐起源于遥远的古代，最早可能是一种以木偶为媒介，沟通神明与人的宗教仪式。据历史记载，最早的木偶戏艺人是活跃于8世纪的街头艺人。

❖ 上图为文乐表演的照片。表演者在后面的暗处操纵木偶。

悲剧　一些涉及殉情的歌舞伎悲剧在现实生活中常常引发人们的模仿，因此，从1723年起，含有殉情题材的歌舞伎表演被明令禁止。

能剧

能剧是一种抒情戏剧，它的内容融合了宗教舞蹈、佛教著作、诗歌、神话和民间传说。14世纪，最早的能剧剧本被创作出来，作者是观阿弥和他的儿子世阿弥。17世纪，能剧发展到了极盛时期。能剧的特点是只有两位演员登场，动作缓慢，动作节奏与音乐节奏保持一致。

❖ 在能剧中，面具被广泛使用。

❖ 能剧的舞台场景格外简单：一个四方形的戏台，后方既无幕布也无装饰。戏台的一侧是给演唱者和四个弹奏者专门预留的位置，他们也和演员共用舞台。

女性角色　只有年长的男演员才有资格扮演女性角色，他们被称为"女方"或者"女形"，是专门扮演这种角色的演员。近年来，这种年龄限制有所放宽。

神话与信仰

神话与信仰

宗教和禅修

日本的宗教和信仰形成了一个错综复杂的整体，既凸显了日本自身的特点，又能明确反映被日本吸收、同化的其他国家宗教的影响。这种文化调和主义在其他文化中也很常见，埃及文化就是一个很好的例证。

从日本的宗教信仰体系中可以归纳出三种主流信仰，即民间神话信仰、神道教和佛教。几个世纪以来，它们在日本占据了极其重要的地位。其中，佛教又发展出多个宗派，如禅宗。然而，这三大信仰经常交织融合，相互借鉴，不断完善自身。

日本神话

与其他文明一样，日本也有自己的创世神话：最早的天神创造了一对神明，他们分别是伊邪纳岐（父神）和伊邪那美（母神）。伊邪纳岐和伊邪那美创造了大地，当然也包括日本的主岛。这对夫妇结合，生出了几个子神，又创造了8个大岛和更多小岛。

根据神话传说，伊邪那美在最后一次分娩中不幸去世，忠贞的丈夫伊邪纳岐前往死者的世界"黄泉之国"寻找她。但在长途跋涉后，伊邪纳岐发现自己的妻子已无法回到人间，因为她已经变成一个骇人的阴间生物。这次行程结束后，失

❖ **守卫**　在神社附近或门口经常能看到狐狸的雕像，它们是掌管丰收的稻荷神的神使。

望的伊邪纳岐为了洗净污秽在水中沐浴，一边脱下衣饰，一边走进水中。他的每件饰品都发出了亮光，而衣服在落地之际生化出新的神明。此时，一些重要的天神诞生了：天照大神，即太阳女神；月读，即月亮之神；须佐之男，即掌管风和暴风雨的神。伊邪纳岐派天照大神治理高天原，派月读治理月亮和夜之国，派须佐之男治理海洋。

在日本众神中，天照大神无疑是最重要的一位。根据传说，天照大神与其弟须佐之男不和，因为后者威胁到了天照大神的至高神位。据说，须佐之男曾对着天照大神扔了一匹马，天照大神一气之下寻得一处岩洞（即天岩户）躲了进去。与此同时，天上没有了太阳，整个世界被黑暗笼罩。众神试图说服天照大神重返人间，但所有尝试都未能奏效。不过，众神并不气馁，又想出了新的计划。他们先在岩洞的门口放置了一面巨大的镜子，然后开始做游戏、载歌载舞，舞蹈逗笑了在场的众神。众神的欢声笑语让天照大神心生好奇，于是便在门口窥视。由于门口的镜子反射了她的光芒，她也因此短暂地失明了。天手力男神上前将她一把拉住，拽出岩洞，其他的神明则趁机将岩洞封上。于是，多亏了众神在岩洞前举行的这场聚会，天照大神才得以重

❖ **神域之门** 鸟居是典型的神道教建筑，一般坐落在神社周围。上图为严岛神社的大鸟居，该神社位于宫岛。

❖ **真言宗僧侣** 左图为正在祈祷的真言宗僧侣。佛教真言宗的总本山坐落于大阪附近的高野山。

武术和禅修

❖❖❖

专注和自制是维持身心平衡的前提，也是日本宗教教义的重要基础。佛教和神道教都大力提倡这两种修行方式。

基于这样的背景，也就不难理解专注和自制成为一切日本武术的基本原则了。其实，所有武术都涉及同一个观念：武者要在保证身心平衡的前提下，合理分配精力。也就是说，必须先估算并分配自身的力量，才能取得胜利。

弓道（即箭术），也许是最能体现这一特点的日本武术。弓道和佛教禅宗有着密切联系，部分原因在于，身心平衡才能使射箭的准确率大幅提升。

新现身、普照万物，而须佐之男则被逐出高天原。

从天照大神、须佐之男的诞生，到二位天神各自的神功伟绩、龃龉不合，这些传说均以口述历史的形式不断丰富和发展，共同构成了一个包含成百上千个重要事件和神话人物的庞大神话体系。从这个意义上说，崇拜

❖ **六地藏** 病人和孕妇的守护神。六地藏的石像常常戴着红色的帽子或围嘴。右图为六地藏雕像之一，位于长野县。

❖ **武术** 日本哲学和宗教思想的一种体现。右图是两位合气道武者。

自然神是民间神话和神道教信仰的共同点。

神道教

日本神道教的本质深深根植于泛灵论思想，认为众生和自然元素都具有灵性和生命，它们有善恶之分。这种万物有灵的观念同样适用于自然现象，比如，气候及其变化、各个天体均被认为是有生命的。

神道教认为，世界上有很多神明，既有地方性、区域性的小神，也有力量强大、众所周知的大神。这些神明的数量达到数百万，构成了神道教信仰的万神殿，极大地丰富了日本的神话故事。

神道教的起源和创世神话一样久远。它的一大特点是缺少一个正式的信仰基础，例如，没有至高的创世神，也没有一本神圣的经典阐述教义。但是，神道教的自然观能够灵活地自洽，因而得以自成一派，脱离一个正式固化的标准教义存在。尽管如此，日本依旧设有神道教的神社，也会举行祭祀神明的祭典活动。

神道教在日本政治生活中举足轻重。实际上，直到20世纪中期，神道教一直是日本国教。

婚姻危机

传说，伊邪那美死于分娩后，就进入了黄泉之国——也就是日本的阴间。伊邪那岐前去寻找她，然而，当丈夫寻找到她时，看见的却是可怕的一幕：伊邪那美的身体已经腐烂，满身都是烂肉和蛆虫。伊邪那岐对眼前的一幕感到骇然，迅速逃离，企图找到黄泉的出口。与此同时，他的妻子因伊邪那岐的逃跑大为震怒，在后面一边追赶自己的丈夫，一边发出恐怖的尖叫。

伊邪那岐尝试躲避追击他的伊邪那美，可此时又有新的黄泉怪物加入追逐他的行列。一番逃亡后，伊邪那岐终于逃出生天。已经在黄泉之外的伊邪那岐用一块巨石封住了黄泉的出口，不久后，封闭的洞穴深处传出了伊邪那美的凄厉尖叫。凶恶的女神要求伊邪那岐放她出去，威胁说若不照做，就每晚杀死1000人。伊邪那岐没有同意，他回答道："如果这样，那我便每天创造1500人。"

另一方面，统治阶级一直在向国民宣扬"天皇是天照大神的直系后裔"这一观点，因此，天照大神就成了神道教最重要的神明。

后来，神道教又发展出几个不同的流派，每个流派信仰不同的神明。皇室神道就是其中一大流派，这是专为赞颂天皇统治，让民众感激天皇在位期间的恩惠而设立的教派。另一个主要流派是神社神道，顾名思义，就是在各自神社中供奉特定的神明，现在日本国土上有数万个这样的神社，它们都由神主领导，过去也与皇室有着密切的关系。第三个重要流派是教派神道，尽管教派神道对各个自然神都抱有恭敬之心，但其实各派只专门信仰某一位神明。最后一个是民俗神道，这种流派多表现为短期性的活动，如举行祭祀、庆典活动、个人到神社参拜或在家中自行供奉神明。

神道教的信仰没有一套固定、唯一的程序或规则，它的信仰活动有各种各样的参与形式。不过，某些宗教仪式一定要在供奉神明的神社中才能实现。比如，要进入神社必须通过鸟居，象征着人们正在走入神的世界。另外，净身仪式在神道信仰中也非常重要。随着时间的推移，净身仪式的烦琐程序被不断削减。从前，净身被褉的过程是信徒们要在神社附近的河流或湖泊中灌洗身体、净化心灵，但如今已经简化为在神社前

◆ **佛塔** 日本特有的佛塔有着多重楼层和屋顶，直入云霄。下图是奈良法隆寺的佛塔。

清洁手口的仪式。无论何时，神道教的信仰活动都包含着赞颂神明的歌谣和神乐舞，有时人们还会供奉鲜花、念诵祷词。

佛教

日本佛教的源头要追溯到6世纪，彼时的日本开始受到朝鲜半岛的影响。据历史记载，百济国王派遣使节向日本天皇送了一幅佛祖的画像和一些佛经。另有记载证明，作为摄政王的圣德太子在594年颁布了一项推广佛教的法令，该法令最终成为佛教最有力的庇护。

一个世纪后，日本最初的佛教徒把这个新兴的信仰传播到日本列岛，并建立了自己的宗派。久而久之，这些新宗派甚至获得了比佛教原宗更高的地位，禅宗就是一个很好的例证。

日本皇室也逐渐接纳佛教，从而催生了受佛教影响的一系列艺术形式，因此，皇宫和寺庙里佛像装饰的数量激增便不足为奇了。另一方面，供奉佛祖的寺庙和佛塔也从6世纪开始大量修建。

佛教和神道教的思想有着相通之处，比如，敬畏自然和通过冥想、反省寻求身心平衡。这种平衡的状态被佛家称为"开悟"，意味着个人从烦恼中解脱。

比开悟更上一层楼的境界叫做"涅槃"，即完全脱离人世的劫难。佛教的菩萨就是证得了涅槃的行者，也是佛教修行路上的导师，负责引导世人实现解脱、离苦得乐。

在佛教传统中，法隆寺是公认的日本佛教发源地之一，该建筑群由圣德太子主持修建。如今，法隆寺是世界上历史十分悠久的木结构建筑之一，同时也是收藏了许多独特的佛教雕像、画像的博物馆，具有特殊的象征意义。

在不同时代，佛教受到不同社会阶层的推崇，因此，佛教的发展呈现出一个多样化的过程。从6世纪开始，佛教演变出几个流派，甚至多次几乎发展到佛教一家独大的情况。

日本最重要的几个佛教宗派包括真言宗和净土宗等。真言宗寻求生命的开悟；而净土宗和净土真宗认为，佛教修行可以在寺院外进行，不必受地区限制；禅宗则认为，冥想、反省是世人修行和斩断尘缘的最佳方法。

天皇的神格

天皇是日本封建时期社会和政治框架中的首要人物，也被认为是国家统一的代表，是构成日本社会基础的传统势力的代言人。其实，在日本历史的大部分时间里，天皇自身就被定义为天神：通过大尝祭仪式，天皇被加冕为"现人神"，而"现人神"即赐予民众恩惠的神明。由于天皇扮演着神的角色，所以，天皇一生中至少要主持一次丰收节，向神道教的神明和皇室的先祖供奉当年收获的新稻，感谢神明和祖先赐予的好收成和国家的安定富足。

"天皇"的称号意味着国家最高领导人，起源于6世纪，当时的皇帝叫"御门"（日语的本意为"门"，但它的汉字写作"御门"或"帝"），后来就用"天皇"代替"御门"称呼皇帝。最后一位试图神化自己的天皇是裕仁天皇，但二战时日本遭到美国对广岛、长崎的原子弹轰炸而战败投降，之后裕仁天皇在公开声明中否定了天皇的神性。

1947年的日本宪法规定，天皇仍然保持着国家元首的地位，但并无实际的行政权，只有外交权。

❖ **皇宫**　东京皇宫 (1820–1830) 的画像，朱利奥·费拉里奥 (Giulio Ferrario) 作品。

神道教

　　神道教已有千年历史，被公认为日本最古老、历史最悠久的宗教。"神道"意味着"神的道路"，神道教的信仰体系也建立在对众多自然神的崇拜之上，这些大大小小的神明等级分明，小到一块石头，大到太阳这样的天体，都有化身的神明。事实上，神道教体系包含成千上万位神明，其中，有些神明只是地区性的信仰。与其他宗教一样，神道教也有自己的神龛、神社和神职人员主持的宗教仪式。神道教特有的标志是鸟居，鸟居一般位于神社的入口或神社周围。◆

折纸

　　折纸是日本备受欢迎的艺术表现形式之一，是一种将纸张折成各种形象的艺术活动。折纸的起源和纸的发明一样古老。根据神道教的思想，折纸活动能使人内心平静、磨炼耐性。

鸟居

　　日本特有的拱门叫"鸟居"，通常位于神道教的神社入口。其建筑结构简单，一般由两根柱子和搭建在柱子上方的两根拱梁组成。鸟居的建材比较多样化，但大部分采用木材和石料建造而成。右图为严岛的鸟居。

颜色　鸟居的颜色多数是红色或朱砂色。此外，鸟居的两根横梁之间常有一块匾额，大多书写着符合神道教思想的内容。

神社

　　一般来说，神社里都供奉着各色人物和自然神，以及各种有生命或无生命、地方性或全国性的神明。其中，全国信仰的最重要神明是天照大神，即太阳女神。

❖ 仙鹤和其他鸟类的折纸形象，在神道教的神社中十分常见。

❖ 平安神宫的一部分，位于京都。

神龛前的一位神官

神社的神龛

　　每个神社都有一个本殿，即主神龛，里面供奉着神体。据说，神社供奉的神明就依附在神体之中。通常，本殿和其他区域是分开的，只有主要神官才可以进入本殿。

净身祓褉

　　神道教的参拜活动要求信徒们在神社附近清洗身体，这是神道教特有的一种净化仪式，名为"祓褉"。随着时间的流逝，祓褉的内容发生改变，现在几乎只需在神社一个专门的水池前净手口即可。

❖ 净身仪式需要使用一些特殊的器具，比如一套专门的水舀。

身着仪式礼服的神道教神官

供奉神明

　　从前，神道教的神官一职世袭传承，1870年至1940年，神道教是日本的官方宗教，当时神官对最高权力阶层有着尤为重要的影响。在各种信仰活动中，这种在神社和神龛面前祭拜神灵的活动被认为是神道教最原始、最早期的表现形式。

护符

　　神道教信仰中有各种各样的护符和代表性器物，它们都与好运、丰产、健康和财富有关。许多祈求好运的文字都写在小木板上，作为挂饰随身携带或者挂在家中。

❖ 上图是一根注连绳，这种稻草绳常常悬挂在神社的入口处，起到区分人界和神界的作用。某些家庭也悬挂注连绳，以此驱逐灾祸。

神道教的神明

与其他泛灵论的宗教和信仰一样，神道教也将种类庞杂的物体、生物、日常生活中的事件、大自然和天体等作为信仰的对象。如果再加上那些地方性的、区域性的和全国普遍信仰的神明，数量甚至能达到八百万。在数量庞大的神明中，掌管好运、财富、富饶和幸福的七福神格外知名。此外，在了解日本神明时，掌管战争、风和雷电的神明同样不容忽视。◆

信徒众多的神明

吉祥天，保佑生育的女神，她总是和其他七位福神一同出现：惠比寿，渔业和商业之神；大黑天，招财利市之神；毘沙门天，战神；弁财天，才学、艺术和美之神；福禄寿，幸福、富有和长寿之神；布袋，健康之神；寿老人，长寿之神。

❖ 吉祥天是一位女神，在平安时代信众颇多。

大黑天的神像

富足神

大黑天是来自印度的神明，原本是战争和黑暗之神，最澄和尚将大黑天引入日本后，也被神道教信仰所接受，并位列七福神（掌管财富和好运的七位神）。大黑天的神像常是笑容可掬的形象，有时也带着一个象征富足的大麻袋。

狐狸 狐狸石像（右图）是神社的守卫，在供奉稻荷神的神社周围十分常见。稻荷神社的总社位于京都南部的伏见区。日本全国有超过30 000个供奉稻荷神的神社。

风神，常被描绘成巨人的形象

风神

据日本神话记载，风神诞生于创世之初，是最早的神明之一。风神的形象多见于神像和珐琅盘上。在日本这样一个信仰泛灵论和自然论思想的国家，一些气候现象成为主要的神明之一是很正常的事。

布袋

是佛教和神道教都信仰的一位神明，他的形象很像禅宗和尚。布袋是一位掌管幸福和富足的神明，是七福神之一。

❖ 布袋的神像，布袋也以笑佛、胖佛的形象广为人知。

风神的形象　常常被刻画成攫着风巾的巨人，身后的风巾被他制造出的风吹得鼓起来。

八幡神，日本人信仰的战神

战神

八幡神是日本相当古老的神明之一，是群众和皇室的护法神，曾被源氏定为家族的守护神。1603年，源赖义为八幡神修建了一座寺庙，这是镰仓市重要的地标性建筑之一。

雷神像

雷神

在日本众多的神明中，掌管雷的神明——雷神有着重要地位。雷神常被描述为带来巨大骚乱的凶神，他总是以同时敲打多个太鼓、制造轰鸣雷声的形象出现。他也能够制造"神风"，据说，神风可以阻挡日本帝国的敌人。

天皇崇拜

　　天皇这一概念，早期在日本人眼中远不止最高领袖或特殊的贵族头衔这么简单。天皇是在凡人和神灵之间沟通的使者，这是因为，天皇被认为是日本帝国的主神——天照大神的直系后裔。透过对天皇的崇拜，日本民众实际上信奉的是一个表面重视传统文化传承、实则等级森严的独裁体制，而天皇本人就是这种制度最忠实的代表和拥护者。◆

大尝宫的加冕仪式

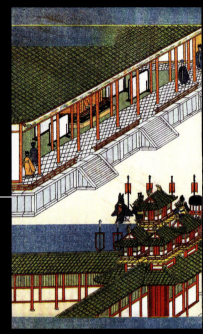

天皇的凡人形象

　　明治时期推行的多项改革中，定神道教为国教是其中非常重要的一项。这次宗教改革否认了天皇拥有天神的血统，不过，它主张，尽管天皇是凡人，已经不是天照大神的后裔，民众依然要崇拜天皇。

最重要的仪式

　　在天皇的加冕仪式上，一个重要环节就是建造大尝宫，它是一个搭建在皇宫内部的临时建筑。天皇就在这里举行最重要的神道教仪式，感谢神明赐予的恩惠，这个加冕仪式被称为"新尝祭"（即大尝祭）。

收割水稻的仪式

　　皇帝加冕仪式后是一系列祭典活动，其中最重要的就是丰收节，它是从大尝祭的一项传统中衍生出来的：天皇亲自在皇宫里收割水稻，然后将他的劳动成果供奉给神明，以表达对神明的感激之情。

◆ 神道教仪式上被神官围绕着的天皇。明治维新后，神官成为公职人员，为国家效命。

加冕节日

　　每年在冲绳岛那霸市的首里城中，人们都会举办祭典重现琉球王国的加冕仪式，这就是首里城祭。它原汁原味地保留了古代琉球王国册封礼的所有形式。琉球国王的角色服装尤为引人注目，从中我们可以看到中国对日本的影响。

◆ 琉球国王加冕仪式的演出场景，冲绳。

◆ 一把稻穗（右侧）和一根榊树（红淡比）的树枝，是丰收节要使用的道具。

"天照大神从天岩户深处现身"，月冈芳年绘于 1882 年

供奉神明

　　日本人将天照大神视为最重要的神明，同时也信仰其他有千年历史的神明。天皇在统治之初就会祈求众神指引他走向正确的治国道路。天照大神是神道教的太阳女神，根据传说，皇族是天照大神的后裔，因此，天照大神在日本宗教信仰中有着极其重要的地位。

裕仁天皇

　　尽管裕仁天皇是第二次世界大战的责任人，但战后他仍是日本天皇和日本古老传统的象征。他被迫否定了 1889 年宪法赋予天皇的神格。

❖ 裕仁天皇是日本帝国的第124任天皇，其父嘉仁天皇驾崩后，裕仁天皇于1926年12月25日登基，并于1989年逝世。

传说　天照大神躲进了天岩户中。为了引出天照大神，让光明和温暖重现世间，众神在天岩户的门口举行了一场聚会。天照大神被门口的喧闹声所吸引，最终走出了天岩户。

日本佛教

佛教起源于印度，而后传播到远东，并通过中国和朝鲜半岛的佛教徒传入日本。圣德太子是让佛教在日本发扬光大的人物之一，他使佛教的修行和传统扩散至整个日本。日本佛教十分重视冥想这种精神锻炼，并使那些达到身心平衡的虔诚信徒相信，开悟是他们修行的终极目的。在各大寺庙和神社中，冥想、诵经念佛、游历苦行都是各派僧人们共同的修行之道。◆

圣德太子是一位政治家，在世的时候担任摄政王。594年，圣德太子颁布了一项法令推广佛教，到了晚年，他仍狂热地信仰佛教。上图是14世纪的圣德太子念经塑像。

镰仓大佛头像

地藏像

神社和路边常设有地藏像，地藏是遭受不幸之人的保护神。根据传说，地藏尤其关照病弱幼童和孕妇。此外，地藏也帮助夭折和流产的孩子，超度他们到极乐世界。地藏常以一手持锡杖、一手持宝珠的菩萨形象出现。地藏像还有一大特点，它们往往戴着红色围嘴和红帽子，这些红色装饰是病人或悲伤痛苦的母亲为它们穿戴的。

源头

佛教于6世纪传入日本。从那以后，佛教的兴衰就极大地受到历朝历代天皇喜好的影响。天皇总能或多或少地影响佛教的官方地位，尤其是佛教还与日本国教神道教有着此消彼长的关系。尽管19世纪下半叶，日本正推行明治维新，佛教失去了政府的支持，但二战以后，佛教经历了一个中兴阶段。

◆ 六地藏的佛像，位于长野县善光寺。六地藏是地藏菩萨的六个化身，他们是受苦受难者和孕妇幼童的守护神。

佛像 日本寺庙里供奉着佛祖的造像，这些佛像有大有小，有的佛像高度和直径甚至能到达数米。佛像的姿态和材质各不相同，但就材质而言，其中大多数是铜佛和石佛。

经文

印度宗教和佛教修行时念诵的短句在日本得到了广泛传播。为应对不同情况，日本也有相应的经文，比如，驱散恶灵的经文。

◆ 京都的一个神社内供奉着祈愿牌。

首创　日本的第一座佛教寺院建立在飞鸟地区。609年，寺院中立着的一尊铜佛。

僧侣

佛教僧侣们追求的是开悟，即个人从困惑烦恼中解脱出来，达到身心平衡的状态。开悟也是证得涅槃，达到从轮回和劫难中解脱的最高境界。菩萨就是达到开悟境界的修行者，他们指引信徒修行成佛。

❖ "佛教圣僧"，明朝画作，绘于1386年。僧人身着白袍，白色是清净的象征。

霓灯初上的浅草观音寺，东京

寺庙

佛塔是典型的佛教圣地，也是保存重要圣物的所在。通常来说，圣物都被供奉在塔基中央。虔诚的信徒们远行至此，随后脱下鞋履，跪在佛龛前，开始他们的祈祷。

法隆寺

　　法隆寺坐落于日本奈良县斑鸠町，是日本传统建筑的瑰宝。据说，法隆寺是圣德太子为推广佛教下令修建的。它的一大特点是保存了一些真正意义上的艺术珍品。670 年，法隆寺毁于一场大火，后经多次重建，至今仍保存着大量原始建材。法隆寺内五重塔和金堂的结构十分独特，吸引众多游客前来参观，是日本如今最热门的旅游景点。◆

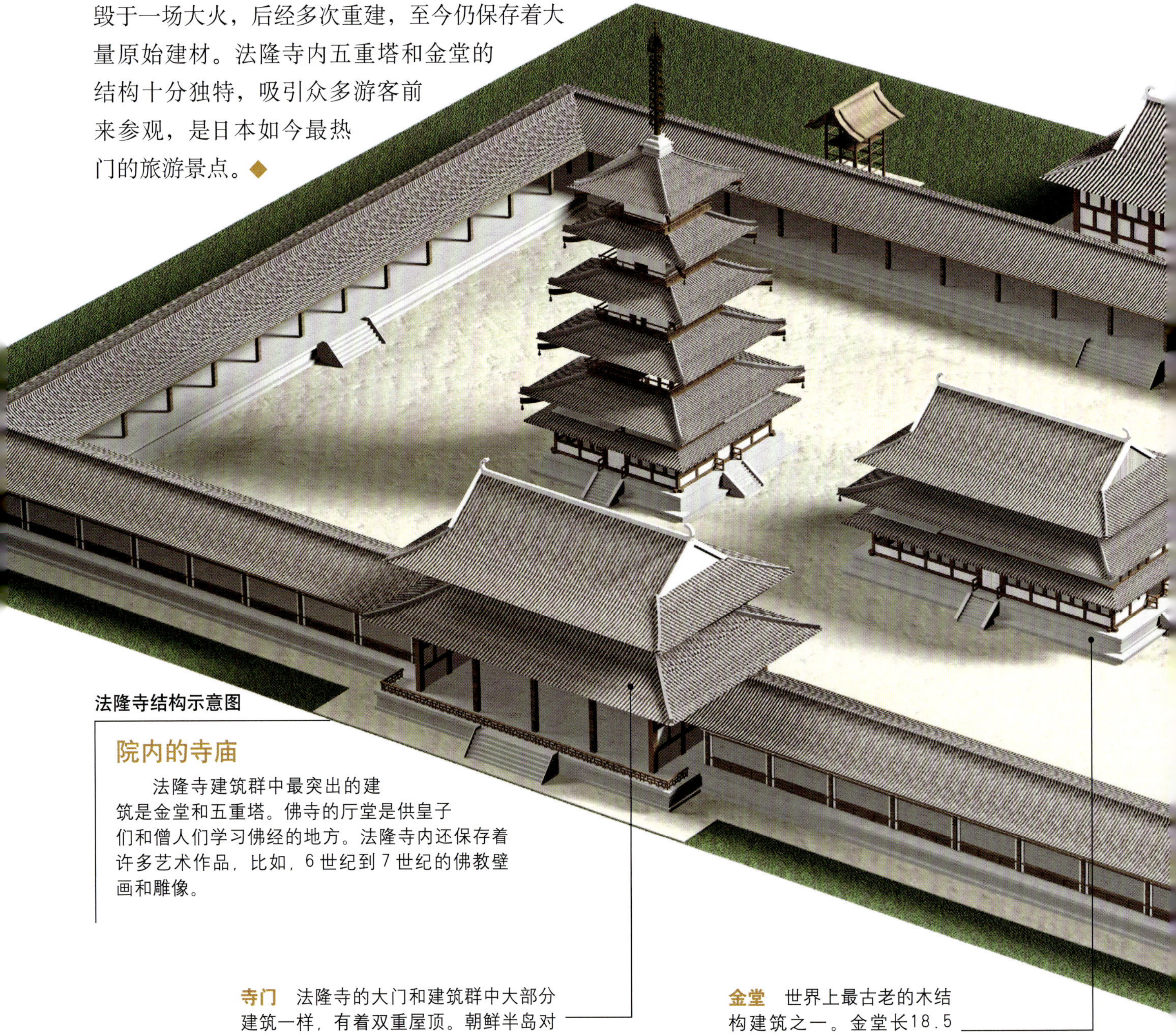

法隆寺结构示意图

院内的寺庙

　　法隆寺建筑群中最突出的建筑是金堂和五重塔。佛寺的厅堂是供皇子们和僧人们学习佛经的地方。法隆寺内还保存着许多艺术作品，比如，6 世纪到 7 世纪的佛教壁画和雕像。

寺门　法隆寺的大门和建筑群中大部分建筑一样，有着双重屋顶。朝鲜半岛对法隆寺的建筑风格似乎有着决定性的影响，这是因为，很大一部分建筑设计都反映了古代朝鲜半岛的建筑风格。

金堂　世界上最古老的木结构建筑之一。金堂长18.5米，宽15.2米，其结构最突出的特点是双重屋顶和曲线型翘起的飞檐。

房间　在法隆寺的四周设有一系列建筑，供僧人们日常起居和修行使用，比如，阅经室、图书室和斋房。

五重塔的结构

佛塔

五重塔是同类建筑里最古老的一座，从它的建筑风格可以明显看出中国佛教的印记，而后者又受到古印度佛教的影响。有些专家认为，塔的五重屋顶代表着五个自然元素，即土、水、木、天和空气。

圣物　在五重塔的塔基里，供奉着法隆寺最重要的宝物——一块佛骨舍利，它被五重塔的芯柱妥善保护着。

武术

日本文化中包含着丰富多彩的传统体育活动，它们曾是用于战场的武术，一直以来，这些武术总是和重视纪律的精神紧密相连。相扑大概是最古老的日本武术了，作为国民级别的体育运动流传至今。至于攻守兼备的日本武术，如柔道、空手道、合气道和剑道最为人所熟知，它们在世界各地都开设了学校，收徒多达数百万。◆

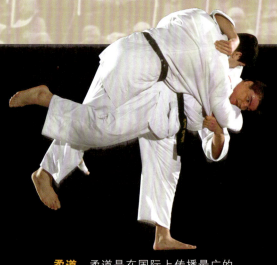

柔道 柔道是在国际上传播最广的日本武术之一。它包含了多种自卫招式，以摔和擒拿招式为主。

两位正在比赛的相扑力士，歌川国贞二代绘于1868年

相扑

相扑的历史要追溯到两千年前，它常与传统神话、神道教和土地祭祀联系在一起。相扑起源神话流传最广的版本是：建御雷神和建御名方神在出云海边角力，前者在相扑中取胜，由此，古时的日本人才能在整个国土上播种水稻。到了 12 世纪，人们将相扑列入武术，相扑也获得了越来越多的欢迎，甚至成为全国性的体育运动。

裁判 身穿华丽显眼的服装，手持扇子来宣告比赛开始；从前，相扑时也在土俵场上祭酒。

练习弓道的女性

弓道

弓道是专门练习拉弓射箭的武术，和禅宗有着不可分割的联系。对学习弓道的人来说，与其说弓道是一种运动，不如说更像一种锻炼身心平衡的艺术。那些遵循平衡原则的人可以射得更加精准。

合气道

合气道是最新的日本武术，创始人是植芝盛平，他于 20 世纪 30 年代至 60 年代在日本传播合气道。合气道融合了多门武术，剑术是尤为重要的组成部分。尽管合气道基本不使用武器，但也时常用木剑进行练习。合气道的运动轨迹是自然的圆形，十分注重灵活性和平衡性。当武者用合气道反击时，能够做到化解对方的攻击、借力打力。击倒对方的招式本身也是一种防御。

◆ 合气道招式演示。"合气道"一词的意思是"协调内在能量（气）的武术"。

空手道

20 世纪 30 年代初，空手道开始在日本流行。它起源于琉球王国的一种格斗技术，随后传到了冲绳。空手道主要是为了自卫，所以发展出许多自卫招式，比如，各种各样的拳法、不同高度的腿法和多种格挡技巧。空手道不使用武器，这是因为琉球王国曾禁止百姓持有武器。

❖ 空手道是现今日本最流行的武术之一。

剑道

剑道是日本的优秀传统武术。剑道发源于镰仓时代，而这也是武士刀被各大武士家族使用最为广泛的时期。现在，练习剑道要穿戴面罩、手套和胴甲来保护身体。

❖ "剑道"即"练习剑法的武术"。如今，剑道常用的武器是竹刀。

相扑手的目标 将对手扳倒或推出圆形场地（土俵），通常裁判都在旁边密切观察选手的动作。

唯一的装束 相扑手唯一的装束是兜裆布，由腰带、丝质的遮羞布和腰带上悬挂的装饰组成。

文化遗产

文化遗产

禅宗思想

日本，一个坐落在小小群岛上的远东之国，为何能够对世界文化产生如此大的影响？对这个问题，历史学家各执一词，莫衷一是。不过，他们都承认，日本的艺术和文化对世界的影响不容忽视，而且一提到日本，人们一定会想到它精妙的哲学和细腻的美学风格。

毫无疑问，由群岛组成的日本是一个真正的、不同亚洲民族的大熔炉，融合了各个时期抵达日本海岸的东亚各国人民。随着日本千年

✦ **雅乐** 日本宫廷喜爱的音乐，它也是深受中国影响的音乐形式。下图为雅乐的演奏者。

历史的推进，这些集体渐渐融合，形成了一个高度同质化的民族：大和民族。在体貌、宗教信仰和政治结构上，它与蒙古、朝鲜半岛和中国等亚洲邻国的民族已经能够明显地区分开来。

19世纪下半叶，欧美国家开始注意到这些遥远的日本诸岛，他们无论如何也想象不到，一个世纪以后，这个传说中的"天皇的国土"将成为世界上主要工业和军事强国之一，公开与欧美各国同台竞争。

几个世纪以来，日本因自身构成的复杂性，格外适应历史的变化，但与此同时，日本在发展过程中并没有失去其独有的身份特征。

禅宗的影响

从整体上说，日本的特征深受

两个截然相反的时代大潮影响。6世纪到19世纪中叶，整个日本都沉浸在古代中国文明的影响下；而1854年以后，日本走上了高速发展的现代化道路，逐渐接受了西方工业化社会的影响。

在第一阶段，对中国佛教文化的吸收体现出了日本文化的强大包容性。历史上，日本僧人们经常前往中国向高僧学佛求法。当他们带着这些正宗的佛学遗产归国后，就把在中国学到的佛学流派传到了日本。随着时间的推移，这些从中国传入的佛法衍生出了自己的特点。日本佛教禅宗的两大主要流派是曹洞宗和临济宗，它们都是日本禅宗流派的独特组成部分，时至今日，两大宗派的影响仍有增无减，特别是在西方，两大宗派吸引了越来越多的追随者。

日本禅修的基础是维持"莲花坐"的打坐姿势，这种修行方式叫做"默照禅"。单单打坐就是冥想修行的开始，打坐者只需静心凝神，保持观想。这样一来，人就能自我解放：既思考又不思考，既不拒绝也不接受脑中的念头和想象，让它们像天空中飘过的浮云一样，在心中不留痕迹。这种静寂和试图"放空"的专注可以使修禅者明见自性，而自性正如禅诗所述："当人们将水池里的水排

❖ **日本佛教**　经中国传入，传播到日本后衍生出了禅宗哲学（上图为位于奈良县的法隆寺）。

空，才能真正看到池底的景色。"

第二阶段自19世纪中叶开始，西方对日本产生了极大影响。这一点从现今日本国内一系列令人眼花缭乱的科技发明便可得知，在科技发展的最前沿，日本的身影无处不在，而其中最具标志性的一项发明，毫无疑问是芯片。

但是，很少有像贾科莫·普契尼创作的歌剧《蝴蝶夫人》那样，将古老日本和西方的相遇塑造得如此迷人、难以忘怀。这部作品以主角的自杀而告终，但主角儿子的出生则是新生命的代表。

锻 刀

◆◆◆

手工艺是日本历史的珍贵遗产和古老传统的延续，如今仍焕发着勃勃生机。其中，最知名、最具象征意义的手工艺就是日本刀的锻造工艺。锻刀发源于山形县的月山，大约在800年前，月山建起了第一个锻造屋。月山家族是锻刀望族，可以说，他们就是为锻刀而生的。从前，不管是在军事层面，还是在道德层面，武士刀都被视为天皇精神的实际载体，但如今，由于具有独特的美感，武士刀已经演变成一种令人向往的艺术品。

文字和文学

日本文字的发展也体现出一种巨大的变迁和更替。最初的日本文字是一种源自中国的表意符号，即汉字，以此表达思想或指代事物。当时，日本引入的汉字超过7 000个，但只有大约2 500个被经常使用。此外，还有一些辅助的语音符号——假名。假名有片假名和平假名两种形式。片假名有47个，字形呈尖角状，多使用在儿童书籍、外文译名和官方文件中；而平假名由汉字的草书演化而来，使用也更为广泛，常和表意的汉字一起使用。

1885年，日本正处于令人眼花缭乱的高速现代化时期，这一年，美国语言学家詹姆斯·黑本（1815—1911）在日本建立了一所罗马字学校，"罗马字"就是用拉丁字母标注日本传统汉字的方法，这种注音体系很快就大受欢迎。后来，在1937年，日本政府确立了罗马注

❖ **风格** 从日本寺庙的建筑风格中能够看出中国佛塔的影子，而中国佛塔起源于印度的浮屠塔。左图为日本西京的药师寺。

❖ **书法** 被一些日本画家应用在作品中。左图是一些书法学校的用具。

南画流派

❖❖❖

17世纪，日本处于江户时代，此时兴起了一种名叫"南画"的画派，它被西方人看作日本最具代表性的绘画。南画明显受到禅学的启发，南画的画家们也在作品中融入亲身感受到的自然气韵，而非以现实主义的视角进行创作。画家大量注入自己的感性元素，试图通过绘画把一切所感所想表现出来，并十分注重每一个笔触和形状的细节。为此，他们还运用各种美学表现手法来实现最大程度的"写意"，尤其是绘画、书法和诗歌这三种方式。南画（也被称文人画）都是以传统为主题的风景画，极其注重描绘花草、树木和禽鸟。尽管主题相似，但每一位创作者都赋予了作品各自的特殊风格。题诗和印章是南画特有的元素，它们往往由画家的朋友们协助完成，因而他们也成为艺术创作的参与者。

❖ **绘画造型** 受佛教禅学影响，日本画家们发展出了一种极具标志性的风景画。上图为《柳绿桃红图》，与谢芜村（1716—1783）的作品。

音的字母表，即训令式罗马字，它也是日本的现行惯例。

除了语言上的变化及其蕴含的文化含义，早在遥远的古代，日本文学就已经发展出了自身的特点。

日本历史上有三部古老的作品流传至今，并对今天的日本文学依然有着深远影响，即收录古代故事的文学集《古事记》（成书于712年）、年代史《日本书纪》（成书于720年；又名《日本纪》）、《万叶集》（成书于770年）。其中，《万叶集》是日本历史上第一部抒情诗集，共20卷，收录了近4 500首诗歌。

9世纪，第一部虚构的叙事作品《竹取物语》问世。这部作品写于811年，是一部结合了现实和幻想的美丽故事，生动描绘了主人公从诞生、求婚到升天归月的奇妙经历。

《源氏物语》是一部重要的日本文学作品，翻译过来就是"源氏的故事"。这部作品的作者是紫式部，她描绘了11世纪日本上流社会的面貌。同一世纪的另一部杰出作品便是宫廷戏剧《枕草子》，主要描写了那个时代贵族的日常生活。同时期，短歌成为流行的诗歌形式并延续至今，甚至被许多西方国家的诗人所接纳。这些诗歌有31个音节，结构要按照"5-7-5-7-7"的格式进行创作。短歌的形式短小精悍，却能够表达极其深远的言外之意。

12世纪，武士这一战士阶层的社会地位大大提高，政治影响力也显著增加，因而日本文坛上出现了创作战斗和决斗故事的热潮。

到了14世纪，《徒然草》（书名原意为"无聊赖"）一书问世。这本书的作者是一位隐居的僧人，他的作品基于世事无常、人生短暂的佛家观念，对当时的社会思潮产生了很大影响。作者在作品里仅揭示了世家大族的深厚基业难以永存这一事实，并未涉及其他主

❖ **舞蹈和戏剧**　歌舞伎是结合了戏剧和舞蹈的一种艺术形式，是汲取了日本常见剧种文化要素的集大成者。

题。16世纪是日本文学创作的衰落时期，直到17世纪时涌现了一些作者，如井原西鹤和近松门左卫门，他们以大众日常生活为题材创作了许多故事。正是在这个世纪，另一类精妙绝伦的日本诗歌——俳句诞生了。俳句的形式是"5-7-5"的三行诗，松尾芭蕉是将俳句发展至巅峰的俳句家。

19世纪，西方文学走进日本文坛。很快，西方的创新流派，如浪漫主义、自然主义和现实主义文学在日本迅速传播。不过，尽管日本文学受到了西方文学和时代变迁的影响，日本诗人们仍然继续创作短歌和俳句。

建筑

日本建筑独树一帜，举世闻名，它完美结合了传统建筑元素和现代工程技术。日本森林资源丰富，因此，木材是最常用的建材。在各种不同的建筑风格中，神道教的神社建筑有着非常特殊的地位，是最重要的建筑表现形式之一。伊势神宫就是一个很好的例子，人们用最传统的技术定期对其重建。

另一方面，佛教和禅学对建筑的影响也显而易见，东大寺就是这个观点的例证之一。东大寺被认为是世界上最大的木质建筑，始建于约728年，此时，

佛教正开始在日本传播。日本本土的建筑风格在不同历史时期经受了多种潮流的浸染。寝殿造是平安时代（794—1185）流行的建筑样式，它的特殊之处在于铺设在木梁上的柏树皮屋顶。寝殿造内室的木地板、屏风和划分空间的榻榻米都是值得一提的设计。京都皇宫就是最具代表性的寝殿造建筑。

镰仓时期武士阶层的特权达到高峰，武士们取代了宫廷贵族，并让从中国传入的佛教成为武士阶层的信仰。这一时期唐风盛行，许多京都和镰仓的寺庙都明显反映了唐风对其的影响。

随着时间的推移，流行趋势发生变化，甚至出现了一些多层寺庙建筑，比如，金阁寺（又称鹿苑寺）和银阁寺。此外，铺设沙子、石头和小型灌木的枯山水园林也风靡一时。室町时代，由于茶道非常流行，出现了许多专为茶道仪式设计的茶屋，并催生了"数寄屋造"这种新的建筑样式。京都的桂离宫就是数寄屋造最具代表性的建筑，它拥有日本最迷人的庭园，这里举行的茶道仪式与周围美丽的环境融为一体。

16世纪，日本国内开始兴起城堡式建筑，由于这些城堡必须彰显封建领主的权势，因此，建造时不单要满足军事需求，还要符合一定的美学标准。姬路城建于17世纪，是一座典型的日式城堡。

松尾芭蕉的俳句

松尾芭蕉（1644-1694）是一位无名武士的儿子，曾用笔名松尾宗房。松尾芭蕉将俳句这种文学形式发展到了顶峰，被认为是日本最重要的俳句诗人。他出生在京都附近的上野市，在此地生活期间，他学习了诗歌和书法，阅读了中国和日本的经典。在为一个大户人家打工时，他爱上了一位名叫寿贞尼的年轻女子，尽管他们并不互相了解，但这份情愫启发松尾芭蕉创作出了美丽的情诗。后来，芭蕉厌倦了做侍童的生活，或许是受到了心上人的轻视，于是决定逃离，开始了隐居生活。他在幽居的茅屋旁种了一棵芭蕉，因此，1689 年他取"芭蕉"为笔名。松尾芭蕉对俳句进行了改革，芭蕉之前的俳句侧重语言形式的精巧构思，卖弄文字技巧，在他之后，俳句更注重对自然的深切感知和对禅意的表达。另外，尽管芭蕉的俳句被多次编纂成书，单独出版，但其风格统一、相互联系，共同构成了同一幅画卷，表达了同一个思想。松尾芭蕉的诗歌作品影响了后世的写作者，比如小林一茶和正冈子规。

❖ **满月之夜**　松尾芭蕉的俳句里常见的意象。上图是 1869 年的一幅画，描绘了松尾芭蕉和他的朋友们。

文学

　　日本文学深受中国影响，但最初从中国传入日本的是书法、技术和乐器。从 3 世纪开始，日本出现了第一批文学记录，到 8 世纪，用日文写就的文学作品诞生。日本的古典时期始于平安时代，在该时期的很长一段时间内，频繁的政治危机、接连爆发的内战、叛乱和饥荒使文学创作的发展屡屡被打断，硕果仅存的几乎只有僧人们的作品。◆

铃木春信笔下的紫式部，18 世纪

紫式部

　　紫式部是日本古典文学的代表人物，也是现实主义小说《源氏物语》的作者。这部作品风靡一时，紫式部也因此被全国上下所熟知，甚至入宫做了彰子皇后的女官。紫式部于 1014 年去世。

书法　精英阶层的功课，只有接受过良好教育的人才有资格学习书法。

《古事记》

　　3 世纪至 6 世纪是日本文学的起步阶段。这一时期的重要作品有：《古事记》《日本书纪》和《万叶集》。《古事记》中收录了一系列关于人类发展的重大史事；《日本书纪》是编年体史书；《万叶集》是一本收录了一万页诗歌的诗集。

❖ 上图是《古事记》书页的一部分。这一本是真福寺中收藏的手抄本（1371—1372），1924 年至 1925 年出版了手抄本的基本。

俵屋宗达书法作品《古今集和歌卷》的细节图，17 世纪

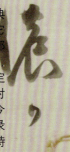
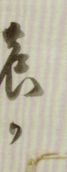

《古今集》

　　平安时代，日本古典主义文学得到了发展，它的一大特点就是用一部分日本文字替换了汉字。此后，这种变化就被固定下来，成为主流。平安时代最出色的作品是《古今集》，这部汇编集中收录了大量创作于 9 世纪的诗歌作品。

书道

　　书道是日本知名的艺术表现形式之一。"书道"直译过来就是"书写之道"，指的是书法艺术。日本人最初钻研书法也是受中国的影响，并且承袭了这项传统技艺。练习书法时，需要准备书写用的宣纸和专门的书写文具——毛笔和墨。

❖ "赏花之美"，八岛岳亭绘于19世纪，画中的女人正在练习书法。

女性　女性角色在日本古典文学中有着很高的出场率。如《源氏物语》这样的作品就描写了宫廷爱情故事，以及女性在一夫多妻制的社会里经受的压抑和痛苦。

平泉町的松尾芭蕉雕像

俳句的顶峰

　　松尾芭蕉 1644 年出生于上野，是将俳句发展为诗歌表现形式的主要贡献者之一。在松尾芭蕉之前，俳句是知识精英主义的表达艺术，而芭蕉独创一派，使俳句成为从佛教禅宗思想视角出发并与生机勃勃的大自然紧密相连的作品。

❖ 松尾芭蕉的原版诗歌手稿，写于1694年。

建筑

　　日本传统建筑与佛教信仰及其宗派有着紧密联系。实际上，佛塔是体现这种联系最重要的成果。日本佛塔的特点是层数多、拥有两层屋顶、曲线型屋檐并使用轻质建材，基本上都是寺庙建筑群的一部分。除了佛塔，寺庙建筑群还包含几十座建筑，它们都是为了太子或封建领主（享有寺庙用益权的群体）的舒适便利而建造的。城堡是另一种常见的日本封建时期建筑，宽敞美观的空间内精心设计了庭园和池塘等美学要素。城堡使用的建材都是轻质建材，尤其是木材。◆

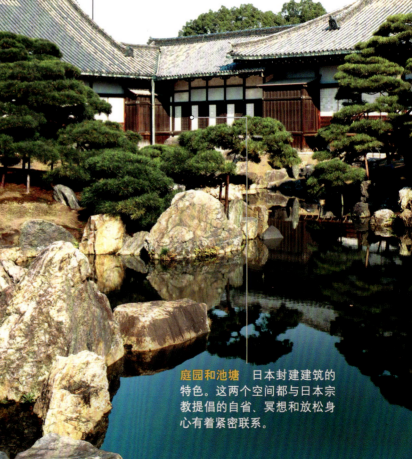

二条城中的建筑和园林景色，位于京都

安土桃山时代

　　作为一种新的建筑形式，建设城堡的目的是更好地镇守封建领主的疆土，这里也是领主及其军队和侍从的住所。城堡中还设有一片私人区域，即"书院"，这是封建领主用来学习的场所。京都二条城建于 17 世纪，城堡内部有一个宽阔的庭园。

飞鸟和奈良时代

　　奈良佛教建筑是日本建筑的起源，这里拥有世界上最古老的木质结构建筑，如圣德太子下令修建的建筑群（著名的五重塔就是其中之一）。8世纪，奈良东大寺附近修建了一批宗教建筑。该建筑群就是日本最大的佛教圣地，建筑风格明显受到中国和朝鲜半岛的影响，其中最突出的部分就是多重屋顶的运用，后来的佛教建筑均传承并延续了这一式样。

◆上图为法隆寺金堂的景象，奈良。

◆ 奈良东大寺主入口的全景。东大寺宏伟的建筑结构和双层屋顶让人印象深刻。

庭园和池塘　日本封建建筑的特色。这两个空间都与日本宗教提倡的自省、冥想和放松身心有着紧密联系。

佛塔

佛塔最初是出于宗教和信仰缘故建造的，为佛教特有的元素。就连最早的佛塔也是为了存放重要的宗教遗物而建，如经文、圣物和得道高僧的舍利子。

❖ 照片中是一座典型的佛塔，远处的富士山坐落在地平线上。

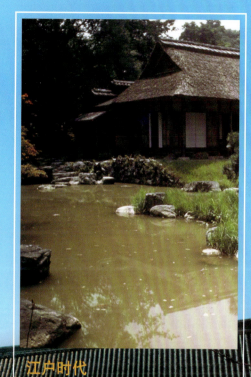

江户时代

江户时代发生过许多次火灾，于是当权者们开始重视建筑重建时的容易度和快捷性。这一时期还修建了许多大型庭园、鲜花小路和湖间小径。

❖ 庭园是江户时代的建筑中最新颖也是对后世影响最久远的贡献之一。

京都平安时代的佛塔

平安时代

平安时代特有的建筑是密宗佛寺，它们是 9 世纪初引入日本的。观察这些建立在山中的寺庙，可以明显看出它们使用了所在地区的特有建材。实际上，密宗佛寺的露台和屋顶上铺设的材料不是瓦片，而是柏树皮。另外，日本的建筑工匠还采用了中国佛塔的制式。

园林艺术

　　受哲学和神道教的影响，日本人将庭园当作内省和放松的场所，以求与自然和谐相处，达到身心平衡的状态。不同制式的园林往往有着某些不同的核心要素，比如，水和石头能够营造出一种平和稳定的意境。此外，湖心岛、小桥、瀑布以及石灯笼、水池等设置在植被中间的装饰物都是日式庭园中常见的景观。◆

一座日式庭园的维护工作

日本庭园布有大量的装饰物，比如石池、沙山和石灯笼。上图为华盛顿大学日本茶庭内的石灯笼。

日本园林的起源

　　日本园林的发展源于神道教信仰和崇拜自然的思想。一般来说，日本园林和尊敬自然、与自然和谐相处，以及保持内省的习惯有着直接关系，人们尝试在和谐的大自然中通过园林达到身心平衡。在这种意义上，精心设计的庭园也是对人内心净土的具象化。

小径　日本庭园小径的特点是长度较短，并总是和其他小径相互交叉，通往不同地方。为了不破坏庭园中轻松的氛围，这些小径通常用沙子混着小石子铺成。

设计

　　日本庭园的布置十分精细，会考虑到植物的种类及其与四季搭配的平衡。多年生树木和竹子为庭园提供了清新的绿色，而落叶树种也以多姿的形态为庭园增色不少。有的庭园是以某一季节为主题设计的。无论如何，不管是以池塘还是小瀑布的形式造景，水景都是日本园林中不可或缺的要素。枯山水庭园或净土庭园就会布置大量的石头造景。

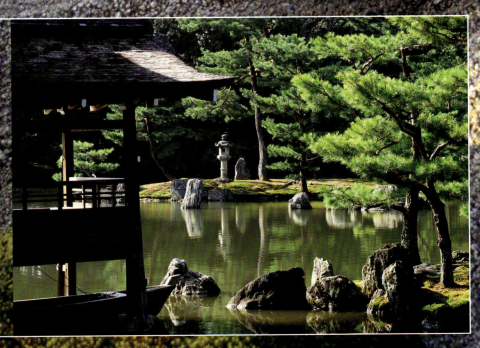

◆ 金阁寺的庭园。

维护　庭园的维护工作全部交给专家们完成，他们一遍又一遍地巡视这些布景，为了保持美感不断地做出调整。

茶庭

　　日本园林主要有四种样式：净土庭园、枯山水庭园、回游式庭园和茶庭。茶庭，顾名思义，就是设有小径的茶室。一般而言，茶室要按照传统美学的标准建造，周围环绕着湖泊。

❖　茶屋是古代日本的标志性建筑，常坐落在庭园中和湖泊旁。上图为日本茶屋（1883），哈里·汉弗莱·摩尔的摄影作品。

回游式庭园

　　回游式庭园设有特色建筑和多个池塘，通常用多座桥梁联通园内的各个部分。江户时代，回游式庭园受到封建领主们的喜爱，因此开始大量涌现。这种庭园的一大迷人之处在于植物和小路中隐藏的装饰性细节。

❖　神泉苑中用于通行的桥梁，京都。

石头　日本人认为水具有很强的净化功能，所以在接待游客前，常在小径的石头上洒水净化。

音乐和舞蹈

在神道教、佛教以及后来明治时期开放政策的影响下，日本的音乐和舞蹈不断发展，传达出深刻的宗教含义。自古以来，日本民俗音乐和舞蹈就体现了宗教性。8世纪，一种名为"雅乐"的宫廷音乐兴起；日本中世纪初期，戏剧和歌舞伎伴奏音乐的创作蔚然成风，并同时催生了日本传统舞蹈。乐器里的主要弦乐器是琵琶，主要管乐器是笛子，此外还有打击乐器的参与。◆

琵琶　传统的日本弦乐器，它有四根琴弦和非常宽的琴腹，写作"琵琶"（びわ）。

木版画"满月集会"，8世纪

改革

明治维新丰富了音乐和舞蹈民间也兴办多所音乐舞蹈学校来推广这些艺术表现形式。时至今日，日本音乐和舞蹈保留了传统服装和乐器等形式，但与以往不同的是，在节日里，大众也可以参与到这些歌舞表演当中。

◆ 盂兰盆节，三位身着传统和服跳舞的少女。

祭祀音乐

日本传统音乐由多个小乐器组与声乐组共同完成。特别值得一提的是，日本传统音乐就是歌颂神明的神道教音乐"神乐"，这种音乐在神社内外都可以演奏。通常来说，神乐的乐师们要身穿传统服饰，在清净和自省的环境里演奏。

节日舞蹈

　　在季节性节日里，伴随太鼓、响板和笛子共同演奏的音乐，舞者们一边跳舞一边吟唱颂歌或念诵赞美神明的颂词。日本佛教音乐中，往往伴着敲钟声，念诵的经文多用梵文、中文或日文书写。

❖ 普通民众大规模参与的阿波舞，照片拍摄于盂兰盆节日期间的德岛县（位于四国岛）。

在偕乐园的花园里身着和服跳舞的女性

舞蹈

　　传统舞蹈的起源与歌舞伎关系密切，而歌舞伎是地方戏剧的基础。日本传统舞蹈中最为突出的一个流派是念佛舞，舞者身上不佩戴任何装饰物，只穿着自己的舞服表演，代表着离尘绝俗、脱凡升天的意义。

乐器

　　和其他文化一样，日本也拥有本国特有的乐器。三味线就是其中之一，这是一种弦乐器，其琴颈细长，有三根弦，演奏时要使用一把骨质的拨子进行弹奏。日本传统的打击乐器有羯鼓（一种双面鼓）、举在空中的太鼓和小型的锣。

日本笙　一种独特的日本宫廷乐吹奏乐器，起源于中国。它由17个竹制簧管和一个木制笙斗组成。

❖ 照片中是三位身着传统服饰演奏传统乐器的日本街头乐师。

祭典活动

　　日本的祭典活动是神道教信仰的象征，经历了漫长的岁月洗礼，如今仍是日本丰富传统文化中极富魅力的一部分。这些祭典常常是举国庆祝，但也不乏各地区和地方负责举办的特色活动。祭典的主要内容包括为敬神而设的盛大表演，在此期间，人们纵情庆祝、纪念神明并祈求神明庇佑。祭典活动最初仅有给信徒净化驱邪的仪式，但随着祭典文化的发展，游行、节庆布景、传统服饰、射箭比赛和神社参拜渐渐地成为祭典文化的一部分。◆

祈祷

　　神道教信仰活动的一项重要内容就是在供奉着各路神明的神社内祈祷。一般来说，仪式都是以净化仪式开始，而净化可以用水或者点燃火炬的方式实现。神官和信徒们身着祭典专用的传统和服，向神明们祈求庇佑。

　　◆高山祭是为了祈求不降虫灾而设的祭典，因而是重要的祭典节日之一。左图为高山祭期间的祈祷仪式。

　　节日是展示传统服饰、建造标志性节庆布景的特殊场合。上图是节日庆典中身着和服的小女孩。

神舆

　　神舆是一种移动型的神龛，祭典期间，人们抬着神舆从神社出发，沿着城市街道游行，直到将其送回原地。神舆的一大特点是上面有着丰富的装饰和围绕在旁边的传统轿衣，后者是为神舆添加的保护设施。

白鹭游行，这些白鹭由儿童们扮演

自然表演

　　通常，祭典内容包括宏大的队列和神舆游行，有时，人们也装扮成祭典敬奉的神明。比如，在东京的浅草寺，白鹭之舞尤为引人注目。

　　◆京都祇园祭的神舆游行。

札幌的雪雕展览全景，北海道

冰雪节

　　札幌冰雪节无疑是日本十分壮观且引人关注的节日之一。冰雪节期间会举办大型冰雕展，这些雕塑造型复杂，雕刻精细。冰雕展分三个会场，其中一个专为艺术家准备，以便他们在冰雪节首日雕刻自己的作品；另两个会场分别展览不同大小的雕塑作品。

冰雪节　自1950年开始举办，最早是由大学生提议举办的活动。后来，当地自卫队的士兵也开始参与其中，加强了自卫队与当地居民的社会联系。

规模　冰雪雕塑的规模令人惊讶不已。创作者是真正的专家，赋予了作品历史传统与现实主义相结合的惊艳设计。

时代祭期间的游行

时代祭

　　时代祭始于1895年（明治时期），是为纪念京都的悠久历史而举行的行列仪式。祭典期间，人们会身着各个时代的服装组成长长的队列，沿着京都御所向平安神宫行进。

供品

　　尽管世纪更迭，庆祝祭典的形式并没有发生很大的改变。其实，在现在的祭典表演中，人们抬着供品在街头游行仍然是一个惯例。另外，祭典上的弓道比赛也作为一项传统延续至今，而弓道是深受佛教禅宗影响的一种实践活动。

❖ 东京祭典中的庆祝活动和供花。祭典中的颜色和花朵都代表着特殊的意义。

博物馆

　　日本的历史和文化遗产被妥善保存在全国各地的博物馆里，其中，最为重要的是东京和奈良的博物馆。博物馆内展览了数千件历史文物，从史前文物到现代文物，一应俱全。除此之外，日本人还格外重视历史建筑的维护和重建，他们按照原貌对一些古建筑进行了小规模的修复或完全重建。◆

陶艺是古代日本手工艺中产量较大的工艺之一。日本陶瓷上面的纹饰多为花草和几何线条。上图为1615年烧制的日式清酒壶。

奈良时代的面具，收藏于东京国立博物馆

东京国立博物馆

　　1872年建于东京的皇室博物馆，是日本国内最重要的博物馆。馆内收藏了10万余件各个时代的本国历史文物，以及其他亚洲国家的文物，其中还包括绳文时代以前的磨制石器。此外，该博物馆还赞助了许多考古和人类学研究。

瑰宝 东京国立博物馆最重要的地点就是博物馆的入口和表庆馆的主道，因为该区域的建筑反映了西方建筑技术和建筑样式的影响。

小型艺术品 馆内展览了一些小型佛像和政坛名人雕像。上图为天皇的小型塑像（552-645）。

博物馆的外景图

松本城

位于松本市，于16世纪末修建。该城堡是一座典型的平城，被认为是日本国宝之一。松本城高30米，共6层。由于松本城的城墙被涂成黑色，它也以"乌鸦城"的名号为人熟知。城内有一个常设的兵器展览。从城堡的天守阁可以望见山谷中秀丽的景色。

❖ 松本城是日本著名的城堡之一。

江户东京博物馆

该馆专为保护首都的历史文化而建，通过走遍各个展馆，参观者可以了解到自江户时代直至现代的东京城市生活的演变。馆内重要的景点包括日本桥和几座大型建筑的模型。

博物馆明治村

这里保存了明治时期（约1867—1912）及其后大正时期（1912—1926）和昭和时期（1926—1989）的历史建筑。明治村于1965年开放，当时，有15座建筑迁建于此。其中，1890在京都建造的一座哥特式天主教教堂——圣泽维尔教堂也被迁建到这里。

❖ 博物馆明治村是一个露天博物馆，位于名古屋附近的爱知县犬山市。该馆已在入鹿池旁重建了60座历史建筑。

奈良国立博物馆

该馆于1895年开放。奈良国立博物馆负责保存、记录和研究奈良的艺术和历史。馆内收藏的部分藏品是世界佛教艺术中最重要的文化遗产，其中，佛像藏品尤为珍贵。东大寺是奈良国立博物馆的组成部分，除了许多具有重大历史价值的考古文物，每年东大寺都会更新展出的藏品。另外，它还是日本国内最美丽的寺院之一。

❖ 奈良博物馆的大佛（794—897）。

纪年表

　　日本历史可以根据政治组织架构分为不同阶段。日本的最初历史阶段特别值得关注，早期的氏族聚落出现，氏族制得到确立。后来，日本经历了数个阶段，其间一种特定的政治制度得到发展：各大家族激烈斗争之后，笑到最后的家族得以独揽霸权，进而将整个日本控制在自己的统治之下。此后，日本经历了几个由唯一政权领导的全国统一时期，最终，日本废除了地方封建主义，成为一个领土完整的统一国家。

绳文时代

日本早期的原始聚落出现，他们在经济上自给自足，狩猎、采集是当时的主要生产方式。

日本历史上首批陶器出现，它们也是世界上较早的陶器之一，其中，陶罐和女性形体的陶像比较突出。

❖ **陶艺** 几千年前，制陶工艺传入日本，原始的陶制工艺品以陶像为主，左图是战士形象的陶偶，4世纪至6世纪的文物。

弥生时代

日本引入了更先进的水稻种植技术，由于某些部落并不以农业为主要生产活动，所以，这种技术没有得到普及。此外，人们还更多地畜养马、牛等牲畜。这一时期，神道教也被确立为日本的主流宗教，它融合了原始的萨满教和泛灵论。

300—710

古坟时代

受中国社会的决定性影响，日本开创了政治不断创新、改革先前保守主义的传统。根据传说，大和帝国的开创者是神武天皇。古坟时代引入佛教是中国对日本产生影响的有力证据，而佛教后来在6世纪（即飞鸟时代）成为日本的官方宗教。同在这一时期，几大家族之间发生了一系列争斗，最终苏我氏掌权。

701

颁布了《大宝律令》，这是日本第一部成文法典，也是日本初代法律体系的基础。

710—794

奈良时代

这个时期的日本在各个方面效仿中国唐朝，实现了日本历史上前所未有的经济繁荣。此外，文化和科学也得到了同等程度的发展，某些作者甚至在书中写到，奈良时代是日本的黄金时代。该时代还修建了许多宏伟的宫殿和寺庙。

794—1185

平安时代

藤原家族在该时代掌握实际领导权，藤原霸权的开创者是中臣镰足，他曾效命于天智天皇。藤原氏凭借缔结姻亲关系和兼并大片土地不断巩固自身权力。

823

天皇任命弘法大师空海为东寺的主持。

866

藤原良房被任命为第一位摄政王。

940

平氏家族的武士发动叛乱。

1087

白河天皇逊位。

1160

平清盛领导平氏家族与源氏家族对抗，最后取得阶段性胜利。

1185—1333

镰仓时代

镰仓是源氏据点所在的渔村名字。这个时期设立了一个新的行政职位——征夷大将军，他们同时拥有军权和政权。第一位征夷大将军就是源氏家族的族长源赖朝。

1242

四条天皇驾崩，日本国内没有正统的继承人，由此爆发了一系列皇位争夺战。

1274

第一次蒙古入侵。

1281

第二次蒙古入侵。

1338—1573

室町时代（足利时代）

该时代是一个内乱频发、政权不稳的时代。出现了能剧等新的艺术表现形式。

1428

京都地区爆发农民起义。

1467

应仁之乱爆发，并持续了10年。京都的一部分遭到焚毁。据推测，这一年是地方大名混战的开始，它所引发的内乱持续一个多世纪。

1568—1580

织田信长在争夺霸权的斗争中取得阶段性胜利。

传统建筑
日本佛塔

　　日本佛塔是一种独特的日本传统建筑，其起源与中国的佛教息息相关。日本佛塔和印度佛塔也很相似，是用来收藏各种佛教圣物的建筑。总之，提到日本佛塔，人们通常想到的是东方的宗教建筑。日本佛塔拥有多重屋顶和微微上翘的屋檐。根据某些书中的说法，佛塔的多重屋顶还代表着几种自然元素。有些佛塔在顶尖还设有避雷针。左图，东京的浅草寺佛塔。

1590
丰臣秀吉统一日本，登上政治权力的顶峰。

1597
长崎的基督教徒遭到残酷镇压。

1600
德川家康取得关原会战的胜利，统一了日本。

1600—1867

江户时代（德川时代）

由于征夷大将军的幕府在江户建立，因此，该朝被称为江户时代，日本迎来了有统一的中央集权的新时期。德川家康奠定了德川家族的霸权地位。德川氏对于任何可能威胁到自己地位的敌人毫不姑息，甚至驱逐外国人，镇压农民和基督徒。这期间江户城繁荣发展，居民达到一百万人。

1614—1651
这一时期，基督徒遭到更严酷的镇压，当局禁止人们信仰基督教。

1637—1638
在长崎爆发了最后一场农民起义，起义军困守岛原城堡，最终遭到残酷镇压。在这场起义中，共有35 000名牺牲者。

1639
日本开始闭关锁国。

1782
天明饥馑爆发，导致90万人死亡。

1854年
美国与日本签订《神奈川条约》。

1868—1912

明治时代

是政治、经济、文化改革的时代；意味着日本封建时代结束，走上了现代化道路。在此期间，日本改革了组织制度和生产结构，开启了工业化进程。1889年颁布了《明治宪法》，使日本的发展得以在法律框架下有效进行。

1868
首都江户改名为"东京"。

1890
第一次帝国议会召开。

1894—1895
中日甲午战争爆发。中国割让部分领土给日本，但在俄国、法国和德国的干预下，日本被迫放弃了辽东半岛。

1904
日俄战争爆发。

1910
日本开始对朝鲜半岛实施殖民统治。

❖ **德川氏** 江户时代的很多征夷大将军都是德川家族成员，左图为德川家康像，收藏于日光东照宫。

术语表

裁判

　　每场比赛有五名相扑裁判位于场外，他们可以反对有争议的判罚，每位裁判都穿着和服。

禅

　　一种源于中国大陆，后传入日本的传统佛教哲学。人们时常通过某些修行方法悟禅，例如，通过"坐禅"等身体力行的实践活动获得智慧。如今，禅宗已经成为西方国家最为熟知和最受追捧的佛教宗派。

尺

　　日本古代的长度单位。一尺相当于六分之一"间"，大约有一只脚的长度，即0.303米或30.3厘米。一尺分为十寸，如今日本的某些职业（如木匠），仍然使用寸作为长度单位。而另一个单位"尺"，现在只是用来衡量织物长短的单位，一尺约为37.9厘米。为了区分两种"尺"，人们叫裁缝度量的尺为"鲸尺"，因为裁缝卷尺是用鲸须制成的，而另一种尺叫做"矩尺"。

尺八

　　与传统日本横笛不同，这是一种竖笛。普化宗的僧侣们会通过吹奏尺八来修行，即"吹禅"，顾名思义，尺八这种乐器的长度是一尺八寸。"尺八"一词由两个字组成："尺"，即古代日本的长度单位，相当于

30.3厘米，一尺分为十寸；而"八"指八寸。因而，大部分尺八约55厘米长，也有的尺八长度从1.3尺到3.3尺不等。尺八越长，它的声音就越低沉。

大名

　　大名是10世纪到19世纪权势最大的封建领主。从室町时代、战国时代的"守护大名"到江户时代的"战国大名"，大名的级别不断演变，越来越多样化。"大名"这一名称也指各个家族的族长，他们也被认为是领主。此外，被幕府将军或摄政任命的军事将领也被称为大名。

刀

　　日语里的刀（かたな）狭义上指的是打刀，广义上指的是日本所有的传统刀。日语里，汉字的读法分为训读和音读。"かたな"是对日本汉字"刀"的训读版本，而音读版本是"とう"。日本刀的刀体很薄，刀身弯曲，一般只有武士才使用。日本刀最常见的尺寸是长度约一米，重量约一千克。

倒幕运动

　　发生于1866年至1869年，是导致日本政治结构、社会结构发生变革的一连串重大运动。倒幕运动发生在江户时代晚期（即德川幕府晚期）和明治时代初期。

泛灵论（万物有灵论）

　　尽管泛灵论的概念有多个版本的解释，但共同的是，泛灵论是多神信仰，包括相信各种人格化的超自然力量（或灵），比如，各种生物（动物和植物）化成的神明，以及其他非生物的神明（溪流、石头、岩石等）。从词源上说，"泛灵论"这一术语中重要的概念是"灵"，指的是对一种非物质的、精神力量的信仰，与"灵"相对的概念就是有形的、物质的概念。但实际上，日本人信仰的泛灵论概念又有一定延伸，他们认为，那些人格化的超自然力量（或灵）拥有理性、灵智和自我意志，会寄宿在无生命的物体里并控制它们。这就能够清楚地解释，为何日本人认为一切事物都有生命、有知觉、有灵魂。

佛教

　　"佛教"一词源于西方，按照梵语翻译，最为接近的意思是"佛法"。"佛"的意思是觉悟者、智慧者，是古代汉语和梵语里对觉行圆满者的称呼，佛证得的"菩提"是人类觉悟所得，而不是受到神启示的成果。自前5世纪前后，释迦牟尼在印度东北部传道起，佛教就不断地向前发展。佛并不是神，不是超自然的存在，不是救世主，也不是先知。佛教思想并不认为有创世神的存在，他们给信众的教诲不是教条

教义，而是启发他们通过求索、感受、思考和实践等途径理解佛的智慧，将其内化于心，最终得证菩提。佛的教诲，本质上是为了彻底除去人性中的不善之根，即贪嗔痴。

府

　　日本有47个行政区：1都（东京都）、1道（北海道）、2府（大阪府、京都府）和43县。在日语里，常称这种行政区划为都道府县。1871年，明治政府执行废藩置县，确立了都道府县的行政区划体系。最初设立了300个县，但县的数量逐渐减少，到1888年，已减至47个。1947年，日本《地方自治法》赋予地方更多的政治权利，规定地方行政长官直接由当地居民选举产生。

腹带（兜裆布）

　　是相扑力士们在比赛中穿着的兜裆布。高级相扑力士"关取"们在训练时穿着白色棉腹带，比赛中着丝绸腹带。而低级别的相扑力士们无论训练时还是比赛中都身着深色棉腹带。

腹切

　　见词条"切腹"。

弓

　　日本弓分为一种名为"大弓"的长弓和短弓。日本弓很长，多用于弓道练习，有的

弓甚至长达两米，往往高于弓道家的身高。

古事记

日本现存的最古老的一部叙述历史的文学作品，字面意义即"记载古事的文集"。《古事记》中提及了一本更古老的文集，但后者毁于一场大火。根据《古事记》的序言得知，该书是应朝廷之命，由稗田阿礼口述，太安万侣记录，于712年编写而成的。与写于《古事记》之后的《日本书纪》相比，前者并非正史，但除了《古事记》，其余的史书都没有明确表示本书是由朝廷下令编写的。因此，有些人认为，《古事记》实际是伪造的历史，并且，其出现晚于《日本书纪》，可这种猜想没有得到事实的支持。《古事记》以神祇伊邪那岐和伊邪那美的创世神话开篇，记载了直到推古天皇时代的历史。当中也记录了一些日本神话传说和许多诗歌及歌谣。

合气道

合气道是一种日本现代武术，大约在20世纪30年代至60年代，植芝盛平（1883-1969）将合气道不断发展丰富。他学习了各种流派的武术，并将其融入合气道：1901年向户泽德三郎学习了天神真杨流柔术；1903年到1908年向中井正胜学习了柳生心眼流；1911年向高木喜代士学习了柔道；大约在1915年到1937年间向武田惣角学习了大东流合气柔术。在此之后，他创立了合气道。此外，植芝盛平也是"大东流柔术"杰出的门生之一。

和服

日本传统服饰，直到战后早期，和服都是日本人的常服。和服的日语汉字写作"着物"（きもの），"き"来自"着（き）る"即穿着；"もの"即"物"。和服展开的形状像字母"T"，长及脚踝，领子呈V型，有着宽阔的袖子。男式和服、女式和服和儿童和服的种类多样。根据穿着者的性别、年龄、婚姻状况以及时节和场合不同，所着和服的裁剪、颜色、面料和装饰纹样也不同。穿和服的方法是用和服裹住身体，然后用一条宽腰带固定。古代的和服都是用粗糙的面料缝制的，但在与中国和朝鲜半岛的文化交流中，丝绸传入了日本，此后，和服渐渐地演变成一种华丽的服饰。

剑道

现代武术的一种。剑道练习和比赛中要穿着护具，使用竹刀。剑道起源于剑术（使用日本刀的武术）。由于过去习剑者引发了许多事故，之后，火器开始大规模使用，所以，剑道最终发展成一种不以杀伤和实战为目的的武术门类。

军配团扇

相扑行司用来指示比赛、裁判输赢的道具，通常是木制的。历史上，武士军官用军配团扇指挥士兵。

卡拉OK

写作"カラオケ"，是一种看着屏幕上放映的录像，跟随屏幕上歌词唱歌的娱乐方式。从词源上说，"カラオケ"中的"カラ"意思是"空的"，"オケ"是英语单词"orchestra"（交响乐队）的片假名音译。"カラオケ"就是指这种伴奏方式不需要乐队在场，从而更加突出演唱者的声音。

空手道

一种发源于日本的现代武术，于1933年正式创立。空手道从冲绳武术演变而来，船越义珍将空手道发扬光大。空手道以拳法和踢法为主，也包括别的武术技巧。习空手道者被称为空手道拳师。

袴

一种男女都可穿着的有褶长裤，前面有5条褶，后面有2条褶。从前是中世纪的日本贵族们，尤其是武士们常穿的裤子。江户时代，袴演变为现在的样式。袴的穿着和折叠有固定方法，不同的人和不同流派的穿法和折法都存在差异。根据穿着者的社会阶层、宗教身份和职业区别，袴的一些细节也各不相同。

漫画

"マンガ"读作"manga"，它是日语里对连环画的称呼。在国外，"漫画"一词特指日本漫画。葛饰北斋（日本浮世绘的代表画家之一）创造了"漫画"这一词语。漫画的作者被称为漫画家（マンガ家），而喜爱漫画的人被称为"御宅族"，有时，这一称呼带有贬义色彩。漫画是融合了浮世绘和西方绘画风格的产物。二战以后，漫画渐渐地发展为一个繁荣的产业。

盲僧琵琶

琵琶传入日本后，最初只被用在雅乐管弦乐合奏当中。后来，四处云游的僧人们也开始用琵琶演奏宗教音乐，传播佛法。也有说法认为，盲僧琵琶起源于印度。据史料记载，8世纪左右，琵琶传入九州岛，之后又传入了京都，与佛教天台宗相结合，催生了新的艺术形式。但也有些书里提到，比起佛教，琵琶在神道教仪式上使用得更广泛。之所以叫"盲僧琵琶"，是因为从古时起，人们就认为，盲僧们拥有更强的通灵能力，因此，他们是驱邪仪式上更恰当的人选。盲僧琵琶比雅乐琵琶更小一些，有5个弦枕和4根琴弦。

幕府

指12世纪末到1868年明治维新前，日本封建时代的军事政府。幕府的更替曾有过短暂的间断。幕府的元首仍是幕府将军，但政治组织体系不时发生变更。

鸟居

一种日本传统的拱门，神道教神社入口一般都设有鸟居。鸟居由两根立柱支撑，上面是笠木和岛木，通常都被涂成红色。有的鸟居横梁间挂有题字匾额。传统的鸟居都是用木头或者石料搭建的。

切腹

一种开膛破肚的自杀方式。切腹（せっぷく）的另一种说法是"腹切り"（はらきり），但在日语里，后者被认为是一种粗俗的表述方式，因此不常使用。切腹自杀是武士群体的普遍做法，他们认为，切腹是一种为荣誉献身的光荣死法，他们拒绝任何自然死亡的方式。如果犯下了罪行或过失，在蒙受羞耻之前，他们会先切腹自杀。

日本琵琶

7世纪左右，琵琶从中国唐朝传入日本。尽管琵琶在汉语和日语里发音不同，但字形相同，都写作"琵琶"。日本琵琶分为两种类型：四弦琵琶和五弦琵琶。此外，与日本琵琶类似，韩国琵琶和越南琵琶也是源于中国的乐器。

柔道

一种发源于日本的武术，现已成为一种著名的奥林匹克运动项目。1882年，嘉纳治五郎创立了柔道。他将日本古代柔术各个流派的精髓与其他日本实战武术相结合，创造出一种新的武术——柔道。柔道奠定了日本现代武术的基础，对武术宗旨和教学方法都有着深远的影响。

三之鼓

是一种形似沙漏的鼓。三之鼓长45.5厘米，宽42.5厘米。鼓的两面用动物皮包覆，并用绳子捆绑连接，可以通过绳子调节鼓面松紧，以满足不同音乐要求的效果。三之鼓演奏时，需水平放置，直接摆放在演奏者前方的地面上，演奏时只敲击鼓的右侧。与羯鼓类似，三之鼓的演奏者在整个雅乐演奏中充当着指挥的角色。

神道教

一种结合了日本本土萨满教、泛灵论和大众信仰的原始宗教。其特点是信仰众多神明（精灵或神明），其中最有名的神是天照大神，日本人奉天照大神为至高无上的太阳女神。

神明

是指神道教所信仰的对象。尽管日语"神々"译为"神明、神灵"，但神道教的专业人士认为，这种说法可能会引起很大误解。在某些情况下，如伊邪纳岐和伊邪那美等人格化的神，与希腊－罗马神话中众神的定义相似。但在其他情况下，比如，生长的现象、自然物、树中的精灵、自然力量等也被称为神明，但这里的神明与其说是对人格化的神的偶像崇拜，不如说是一种自然崇拜。

神乐

神道教仪式中的戏剧舞蹈艺术。直到7世纪，神乐都是日本最流行的戏剧艺术。天岩户的传说就反映了神乐的影响，也显示了神乐中萨满教的性质。山幸彦和海幸彦的神话来源也类似，但这个神话更像是人们融合其他神话、经过艺术再创造编成的故事，作为神话世界的再现，意义更大。在后来的时代，这种倾向愈发明显。

笙

常用在日本宫廷雅乐中的一种吹奏乐器，7世纪前后从中国传入日本。中国笙是日本笙的源头，有着3 000多年的历史。笙由笙斗、笙笛、笙嘴等部分组成，演奏者从笙嘴吹入空气或吸气发声。笙斗上插17根竹制笙笛，笙斗内有类似于口琴和手风琴中的自由簧片。音乐会演奏前或平日使用时，需定期进行特殊的维修保养，因为笙的簧片振动需要一定的温度，所以必须用小炉加热簧片。从前有陶制笙斗，人们可以把点燃的碳放进笙斗。现在的音乐家们常用小型电加热器对其加热。如果簧片温度非常低或过于潮湿，簧片就不能很好地振动。

仕切

指比赛之前的准备阶段。在这段时间里，选手们需要狠狠盯着对方，以此震慑对手，取得心理优势；或者向道场中撒盐等。

文乐与歌舞伎

文乐是对日本傀儡戏的泛称，也叫"人形净琉璃"，是一种将故事叙述与戏剧表演相结合的艺术形式。文乐融合了三种不同的表演艺术，即傀儡戏、三味线（一种日本特有乐器）演奏和单人说唱曲艺。歌舞伎诞生于1603年，其最初形态是出云神社的巫女阿国在京都河岸边表演的一种新式戏剧舞蹈。早期，女性舞者既扮演女性角色，又扮演男性角色。一般来说，歌舞伎的灵感源于日常生活，是一种再创作的喜剧。歌舞伎在整个日本群岛十分流行。

武士

在日本走上工业化道路之前，"武士"一词指的是日本军人。"武士"的意义即"武侍",以武侍人者。

武士道

一种约束武士的严格的道德准则,为了践行武士道,武士们甚至要献出生命。总的来说,武士道要求武士们忠于君主,视名誉高于生命。如果武士没能维护自己的荣誉,他甚至可以切腹自杀来挽回名誉。据说,当时的日本人从很小的时候就被统治阶级灌输武士道的思想,甚至还没断奶的孩子都要接受这种教育。

舞乐

字面意义即"音乐和舞蹈"。与日本传统管弦乐类似,舞乐也被分为"左舞"和"右舞",这是按照各个舞乐剧目的起源地而划分的。左舞的配乐对应着雅乐中的"唐乐",是用龙笛、筚篥、羯鼓、太鼓、钲鼓等乐器伴奏的乐曲,其中不用弦乐器(如雅乐琵琶等)配乐。右舞的配乐则是"高丽乐",伴奏的乐器有筚篥、钲鼓和太鼓。

相扑

一种历史悠久的日本竞技体育运动。相扑比赛时,两位参赛者(相扑力士)要在圆形土俵台上互相角力。尽管相扑比赛前后有着繁多的仪式,但相扑比赛本身规则很少,技法也不复杂:如果参赛者除脚以外的任何身体部位与地面接触即为战

败;此外,任何身体部位(包括脚)与土俵台以外接触者即为战败;使用禁止招式者判为战败;兜裆布脱落者判为战败。

雅乐

雅乐是日本的宫廷音乐,并且无疑是世界上最古老的传统管弦乐。按字面意义理解,"雅乐"即"高雅的音乐",日语里写作"雅楽",读作"ががく"。日语和汉语对这一名称写法相似,因为最初雅乐是中国的宫廷音乐,后来传入了日本。其实,雅乐是日本改造、融合了各种亚洲古典音乐而成的乐种。5世纪左右,日本受东亚大陆国家的文明影响颇深,从朝鲜半岛大量引入文化元素。当时,日本宫廷基本上都是照搬中国和朝鲜半岛宫廷的文化和仪式、美学概念,新的日本宫廷文化由此形成,并且整个宫廷音乐也是从东亚大陆引进的文化交流成果。如今的雅乐实际上是平安时代到9世纪上半叶确立的宫廷音乐种类,是对8世纪奈良时代雅乐的一种改良。奈良时代的雅乐由众多乐器演奏,其中大概30件乐器负责演奏中国、朝鲜半岛、印度和日本的本土音乐作品。雅乐的乐器组成经历了一些变化,奈良正仓院内的藏品就可以证实这一点,在这些藏品中,8世纪的乐器就有70多件,种类达23种。可以看出,一些

古代乐器和如今的乐器几乎没有差别,也有的乐器与现在的完全不同,还有的乐器很久以前人们就已不再使用了,甚至现在有些乐器的名字都已失传了。

雅乐琵琶

琵琶是演奏宫廷音乐雅乐的一种乐器,雅乐琵琶使用4根丝弦,要用木制琴拨来弹奏。这种乐器发源于印度和波斯,历史悠久。根据印度南部阿马拉瓦蒂寺庙的浅浮雕可以得知,古代还有一种直颈的琵琶,据说,这种乐器在2世纪左右非常流行,并先后经中亚国家传到了中国和日本。

遗言

武士们在切腹自尽前会留下诗歌形式的遗言,以诗明志。"遗言"(ゆいごん)一词在日语里也和佛教用语有关。遗言又称"绝笔",这种诗歌中通常会解释作者决定切腹的缘由,并表达了赴死者人生最后的思想和情感。

浴衣

一种棉质和服。主要穿于夏季和炎热的时节。浴衣没有和服的外袍,因此更为轻薄。浴衣分为两个类型:第一种是温泉旅馆中提供的睡衣,款式比较简单;第二种是夏日祭时穿着的浴衣,相比之下,更为精致。

折纸

一种源于日本的折纸艺术。日本的哲学思想认为,折纸能够使参与者心灵平静,培养耐性,这与许多以手工活动为基础的精神疗法和放松方式异曲同工。

重踏

相扑里的惯例动作,相扑力士们需要尽可能高、直地轮流踢出双腿,向地面重踏,这是为了在比赛时双腿能更有力地提供支撑。